I0566787

DISCLAIMER

The author and publisher are providing this book and its contents on an "as is" basis and make no representations or warranties of any kind with respect to this book or its contents. The author and publisher disclaim all such representations and warranties, including but not limited to warranties of merchantability. In addition, the author and publisher do not represent or warrant that the information accessible via this book is accurate, complete, or current.

Except as specifically stated in this book, neither the author nor publisher, nor any authors, contributors, or other representatives will be liable for damages arising out of or in connection with the use of this book. This is a comprehensive limitation of liability that applies to all damages of any kind, including (without limitation) compensatory; direct, indirect, or consequential damages; loss of data, income, or profit; loss of or damage to property; and claims of third parties.

This Book Offers Free Bonus Puzzles

Available Here:

BestActivityBooks.com/WSBONUS20

5 TIPS TO START!

1) HOW TO SOLVE

The Puzzles are in a Classic Format:

- Words are hidden without breaks (no spaces, dashes, ...)
- Orientation: Forward & Backward, Up & Down or in Diagonal (can be in both directions)
- Words can overlap or cross each other

2) LEVEL UP THE GAME!

A space is provided next to each word to write new ones, translations or notes. We also offer a convenient **NOTEBOOK** at the end of this edition. It can help you organize your annotations, new words and/or observations.

3) TAG YOUR WORDS

Have you tried using a tag system? For example, you could mark the words which have been difficult to find with a cross, the ones you loved with a star, new words with a triangle, rare words with a diamond and so on...

4) EASY TO CUT!

The Puzzles come with an Extra Large margin to easily cut the page out of the book. Some people may feel it more convenient to solve them this way.

5) FINISHED?

Go to the bonus section: **MONSTER CHALLENGE** to find a free game offered at the end of this edition!

Want **more fun** and activities to **relax? It's Fast and Simple!** An entire Game Book Collection **just one click away!**

Find your next challenge at:

BestActivityBooks.com/MyNextWordSearch

Ready, Set... Go!

Did you know there are around 7,000 different languages in the world? Words are precious.

We love languages and have been working hard to make the highest quality books for you. Our ingredients?

One part easy-to-read print, three parts entertainment, then we add some challenging words and a pinch of rare ones. We brew them with care to serve you lots of fun and an opportunity to solve the best puzzles.

Your feedback is essential. You can be an active participant in the success of this book by leaving us a review. Tell us what you liked most in this edition!

Here is a short link which will take you to your Amazon orders review page.

BestBooksActivity.com/Review50

Thanks for your fidelity and enjoy the Game!

Delta Classics Team

Puzzle 1

```
I  G  Y  T  N  E  M  E  E  R  G  A  E  B  K
B  G  L  I  I  L  O  H  R  A  E  F  I  N  Q
D  M  E  E  V  U  S  U  S  D  V  K  I  W  Q
T  R  M  W  C  X  Q  R  T  I  L  P  O  F  X
R  D  E  Y  T  U  U  R  A  S  E  N  W  O  E
D  I  R  T  Y  R  I  I  R  H  W  A  I  W  C
V  R  T  E  S  Y  T  C  T  K  T  R  N  K  N
H  F  X  E  E  R  O  A  E  Z  F  R  T  B  E
E  W  E  W  O  E  G  N  D  H  B  A  E  I  R
L  B  T  S  A  K  E  E  B  R  Y  T  R  G  E
P  A  R  T  I  C  I  P  A  N  T  O  A  G  F
P  K  Y  I  P  O  S  O  M  W  N  R  P  G  F
A  S  F  A  Z  L  A  Q  E  R  N  Q  Z  N  I
B  R  C  J  B  C  T  P  S  C  U  N  R  S  D
```

SWEET	COOKER
AGREEMENT	MOSQUITO
TWELVE	SAT
CAP	PARTICIPANT
PINK	WINTER
APPLE	LUXURY
EXTREMELY	STARTED
HURRICANE	DIFFERENCE
RADISH	CLOCK
DIRTY	NARRATOR

Puzzle 2

```
D E S T R U C T I O N Z I A E
M E E E K L A Q B R J L N S M
I B G K Y P P U P E J T O F P
N V X C Z E M D D Z O F I Z L
C O N O B R J A C K E T T O O
R I I R E I G Q D Y S I A D Y
E D B N G O C J A R C I G C E
A A D R A D F W S A A F I P E
S R U V T P H M W M R W T H N
E A Z V N G M X I I E P S Z O
L X Z E I C W O D R D U E P E
A Z E H H J X S C P U I V H M
K U C O R N E R X Y K E N U O
Q B E G I N P I A N O P I R S
```

QUEEN
RADIO
PUPPY
HIGHWAY
COMPANION
PIANO
INCREASE
BEGIN
JACKET
ROCKET

INVESTIGATION
EMPLOYEE
SOMEONE
PERIOD
DAISY
CORNER
PRIMARY
DESTRUCTION
ZERO
SCARED

Puzzle 3

```
N X S F D A Z T H G I S K P Y
E L I G I B L E D N Z C V R X
M L A U G H E D X I I T A D F
T A U G H T M U I H N E J E O
P L E N T Y U O C C W I X C R
I V E C U D E R J R I U O I G
R C S T U B E P M A K Q Y M I
M B A T O X I B N E A Y Z A V
K C E W E S T S I S V P H L E
J N S Y H F Z L C O L Y S N C
J R I M Y M B I F E N T D X I
Z E D G H Z O D I W Y G M O T
T G H D H F I E F Y J N I Q O
E V S W O T L Z M W D I W D N
```

TAUGHT	WEARY
SEARCHING	TUBE
QUIET	PLENTY
BOIL	DISEASE
SLIDE	WEST
REDUCE	FORGIVE
ELIGIBLE	LAUGHED
DECIMAL	PROUD
KNIGHT	SIGHT
NOTICE	CHICK

Puzzle 4

```
V E V C I R R E G U L A R S O
E I W H A T E V E R M D V O G
S G E F E L E P H A N T C C O
Y H G C L S A N D W I C H I L
N T H M U A A B O R E D D E D
U Q H N Q G T T O R R A P T E
S I M P L I F Y O P D E C Y C
H A Z A R D O U S M A E T S Q
O E A G Z P Z D Q Q I O S N B
I C Y F C T K E R J M C O H L
S O F T I Z G I D E N T I F Y
X A R Q C D G R E E N M J B B
H H W U E M D D B P A P X B Q
Y B I H D E V E L O P M E N T
```

BORED
WHATEVER
SOCIETY
DEVELOPMENT
ATOMIC
HAZARDOUS
GOLD
DRIED
EIGHT
IDENTIFY

SIMPLIFY
GREEN
ELEPHANT
STEAM
IRREGULAR
SOFT
SANDWICH
PARROT
FLAT
HEDGE

Puzzle 5

```
J Z T N A N Y T I M E C V W Y
E T U B I R T S I D E E O Y W
K O N P L T G J M T E L I D K
N U I E X D I H U A R E C T R
S C G H M S Q B E Y G R E I D
O L W G W N I P S T E Y Z I K
M Z E I F R R P U S D I K C F
E R W R T O V E M T H E S I S
T G C N T I C J V G B U S T R
I W O R C N E Y R O G E T A C
M C M O D E E R F T G R C M Q
E V N W O S C O C O A F O A X
S U I T A B L E V X H V K R M
M A N U F A C T U R E N B D Q
```

CELERY	THESIS
COCOA	MANUFACTURE
MUSEUM	NOUN
DRAMATIC	CROW
FREEDOM	CATEGORY
KIDS	SUITABLE
ANYTIME	DEGREE
GOVERNMENT	SENIOR
CONTRIBUTE	VOICE
DISTRIBUTE	SOMETIME

Puzzle 6

```
A K Q E D E I R C I M S F X M
F L X D N R T V O M V U J A I
S A H L D Z B N U P S B C F Y
E I C D H E L O N R E S H D Y
R C U E X W E M T O R T P H N
V I S Y A W L A R P Y A E R A
I F K G F J B N Y E Z N F Z H
C F J F Z Y U N I R E C V K O
E O A W Y Y O I S E O E O Z L
N T C G P H R C L W H Y I F L
S N U X U Z T R L S A B D X Y
E O U J C Y Z Y T N I A P U H
F D A X H A S Y D A R D Q T L
I C V K T O P E N E R S F L Z
```

SUCH
OPENER
CINNAMON
ALWAYS
OFFICIAL
VOID
COUNTRY
CRIED
ANSWER
GUYS

HOLLY
SERVICE
HAIR
STAFF
AREA
FACE
SUBSTANCE
IMPROPER
TROUBLE
PAINT

Puzzle 7

```
A X Z F B X D F J Q I I W C R
K N E W Y N I K T A C N T U E
E N D X O H E A R V H C S P S
M H B P H J A G E N T L F B P
G F S O S T I G E R O U E O E
F E T O R T R U O C U D L A C
R K R X E P R E P Z T E L R T
B I J P E E P E M O C E B D S
X B E L R R E R E N O Y M D Q
A D A T W I S W U T M R R E X
U H F H W S A J O X E T Y C W
W O D C T H C S W O R D N A G
H L A Q T L S T A M P I X D G
N O T E B O O K R Y L U D Z H
```

BIKE	STREET
INCLUDE	CATKIN
CUPBOARD	WHALE
RESPOND	PERISH
AGENT	OUTCOME
BECOME	STAMP
KNEW	HEAR
SWORD	FELL
COURT	TIGER
RESPECT	NOTEBOOK

Puzzle 8

```
B B Z Q R E B M E M E R P M D
N S Q Y S E E H I L F A V I O
O P P O R T U N I T Y T N O N
C J G R E T D O O B A S D H E
O F Y E N I N I C L S S C R O
M U L U T M E L A N A N A B W
M H M S R M T L A C I P O R T
U N O A A O T I W T B D Y N N
N D Z B P C A M O E G U I W C
I N D L C Q B F L X T T N R N
C T L E A C E I D G K D V T I
A C L A S S E U R V F I A O Q
T D F S H V M E D I U M D V Z
E E L S E U V C O U U E E G J
```

REMEMBER   OPPORTUNITY
STAR   REUSABLE
PARTNER   MILLION
COMMUNICATE   BELIEVE
DONE   ALONE
MIND   CLASS
MEDIUM   OLD
TROPICAL   INVADE
COMMITTEE   SAY
ATTEND   BANANA

Puzzle 9

```
G N I Y U B C A B B A G E Y G
X E D J C C O V E R E D D F A
L L T S E R R A R A K T B P X
F B E T X D F O E I R V I N M
I E V N I Q O E S R D M Y H P
N L V E C N Y B I P E M Y F D
A O M S Z T G I D L W O K E Q
L W A E X F X M E A W J L F T
E X R R L Q G P N N A I R S N
G K R P P W A T E C G N T E
N M I Q V H Y C L I L I M E R
A T A U F V Z T O T A P M P A
V O G X P Q S U R G U X P M P
R J E L N O S L A J F X A I J
```

CABBAGE	PRESENT
AGAINST	DELICIOUS
AIRPLANE	RESIDENT
ARREST	ALSO
PETS	GETTING
COVERED	MARRIAGE
AIR	FINAL
ANGEL	WOKE
IMPACT	PARENT
BELOW	BUYING

Puzzle 10

```
B P O O J D E V E I H C A H E
E U K N T G N I N N U R H G H
T S X A A O N A N Z K J O N E
F C X L N Q E R E V E R S E L
H K L E S G T U R T L E T P D
Y I D M Y V A T U T D Z O Y N
V Q Z A J A L R E T A L N T A
T W Z C T A P O O B A Y I E H
C F U L L T O P G O G B G I O
E Q T S I T N E I C S D H E D
L D B J N W K R V V E I T L Z
F Y G T P X B D Y O J L B T W
E T D E S T U D E N T L W V J
R F R O A X G L M Q A E P S S
```

STUDENT
REVERSE
FULL
SCIENTIST
RUNNING
EDGE
BAY
TYPE
TONIGHT
REFLECT

REPORT
ONE
ACHIEVE
TURTLE
KANGAROO
VILLAGE
LATER
CAMEL
HANDLE
PLATE

Puzzle 11

```
R G M W K B R G S J U Q X A T
N C K I D Y N P R U U W D R I
L R J S T G O O W Z K H K T D
P O O L J R L N E V A R H I Y
B D M L D O L N N B E O E S S
I E O W C R A Y U A P K N T K
U E O V Q R F J R E S A R E E
G N A O B E P A P E R Y B U P
S O L L I T S U U N S I K L J
K M M F N L Q Z V B U M G G X
I A E E R H T X N B K B Q Y T
I I A I M Y Q S O A Z D O J X
O I L T E S F L Y T P V R F T
X Z Q Y I T L T X F Y S I D N
```

OKAY	NEED
MEAL	HEN
PAPER	ANNOY
COLOR	POOL
TERROR	THREE
RAVEN	TIE
TIDY	SNOWDROPS
ERASER	FALL
ARTIST	STILL
GLUE	SPEAK

Puzzle 12

```
D O Y E K X F J J D A N P S H
E N V I R O N M E N T A L E A
E D U C A T I O N E S O J E V
C A X K D L R G L P I I H K I
R E K R O W O V E S S U C E N
I H Z A L S Y J Q C I H S K G
T I O Y Y L V G V Q R J P L U
I D F M L O I V T Y C L B A M
C I M I E O B S E R V E A W P
I C H I J F R I K R I V L O P
S C M E A T S R S O W A L J U
M D L C S I Q I A S J L O Y L
A R T I C L E O B P P P O Q E
P R I V A T E Z K W B Z N Y I
```

CHILLY
MEAT
BASKET
ARTICLE
CRISIS
OBSERVE
IRIS
WORKER
EDUCATION
CRITICISM

WALK
HAVING
BALLOON
MUG
SORRY
ENVIRONMENTAL
PRIVATE
SEEK
SICK
HOME

Puzzle 13

```
C E O U V S U H T B S R C G L
A A S T E H U E L T N E G P E
C P P V S O I O D W S A I B D
C E H T U C I I H S E L N A N
O R D N U K O O T C E I Z W O
M M W A X R Y Q X O E T G V I
P I Z R C B E N A Q A Y L F T
L S T U R G U X N I T E M U A
I S Y A M N E E A N O T H E R
S I Z T O I C P R O M I S E E
H O Q S T K S F O R W A R D N
M N C E L L E S Q S L S G X E
B L M R Z A A Y I F P A R K G
G F D W A T S E R O F R X K H
```

MISS
PERMISSION
REALITY
FORWARD
THUS
PROMISE
PARK
FOREST
TOOK
ITEM

SHOCK
NECK
GENTLE
TALKING
GENERATION
ACCOMPLISH
ANOTHER
SELL
RESTAURANT
CAPTURE

Puzzle 14

```
H O R B S Y I J D A X B Q E W
F S U O M R O N E D A R T Z H
N R Y I M M A A J C G M B R O
X S O D K S G O B L I N W J S
R I K G U I N T E R V I E W E
J Y P O N A M E C I L O P V Y
B R H T L I A N C E S T O R I
O T A A R E H T O M D N A R G
N C T T F T N T K I W I V H Y
E E T O I W G C I R C U L A R
L P E P N E V E N T L X C M E
I X M R E D L U O H S F A A B
Q E P F P B S Y V P E Z T Q O
I Y T U N Z F J Z W X Z K L P
```

ATTEMPT	EVENT
FROG	THOUSAND
GOBLIN	THING
BONE	CIRCULAR
KIWI	ENORMOUS
ANCESTOR	INTERVIEW
EXPECT	WHOSE
GRANDMOTHER	POTATO
SHOULDER	FINE
POLICEMAN	TRADE

Puzzle 15

```
M S N Z R W R L G O P I G K M
O W R O A Z C D J P X R N U Z
U O N O I G P R I Z E B I P Y
N U J K S T O O H S X J S A O
T L D T E E C X J W P E C R E
A D I W E L B E C N A H C T V
I V V W R O R J N J Y G F I I
N Y I G F I T E I N R W C C S
S H N E J V M Q F N O G M U S
O W G A A W L B F Q B C B L E
V Z H I H U B A U P O D H A R
V E M R P E K B P A W G O R G
K U Q F N O A H U J L N N E G
O W L T X J C D N E L B O J A
```

WOULD	BLEND
FREESIA	PUFFIN
PARTICULAR	CONNECTION
MOUNTAINS	AHEAD
BOWL	PRIZE
VIOLET	CHANCE
SHOOT	SUM
GUY	DIVING
AGGRESSIVE	ZOO
JOB	SING

Puzzle 16

```
J D P C B M A P P O I N T G Z
B N R Q T A F I R O L M G C R
U Z Q F P G R B P X J A O M P
T I U R F A G Y V C H I P S A
H E U R S Z B F M P V P J E E
A G N C K I J B I S R E V O L
T E O S E N Z W N L O X A H B
E L M Q E E H Q V E T T R S I
L L P F Q L M L I Y T U I T X
D O Q R O J A M S G U N E N E
B C H I M L S M I O K N T A L
A Z W U A C D Z B A Y P Y L F
F T F C R O S S L T L X W P K
C W T A L E N T E Y N U Y O H
```

FOLD
VARIETY
INVISIBLE
TENSE
MAGAZINE
COLLEGE
APPOINT
TALENT
GOAT
SHOES

HIM
CROSS
MAJOR
PLANTS
HATE
LOVE
SINK
CHIPS
FRUIT
FLEXIBLE

Puzzle 17

```
A O S E A Y Y M D Z A X H A V
N A V O V W C O V U O F U F X
N I A T N O C R V N O E L R A
U F P U Q D F E R U W D P X S
A S O I O N N Z R O O L F H N
L B H P R I C T N A T S N O C
Y W S Q K W H T W R W E Q V N
S H A M P O O G C U F T H B J
D E S I G N B R I L L I A N T
S O M E B O D Y Z K F E C B F
B A S K E T B A L L F S X N A
C W Z X G Y Z R C O R N V X A
M T G X F B O T A P E M T U A
L S Q H W N S K E L E T O N T
```

WINDOW	SKELETON
CONTAIN	NOR
FLOOR	CORN
TAPE	PIN
MORE	SET
BRILLIANT	SHAMPOO
CONSTANT	VAN
BASKETBALL	SOMEBODY
ANNUAL	SHOP
DESIGN	FOURTH

Puzzle 18

```
D N C X Y M O N O C E Y W W K
E F W D X W O A W S R Y A L D
F O I U N I T P D T P Q I I I
E R A H S N L O J G Y J T Q S
N P X I D E B A T E R S X F A
D C V K Q K C U D G N A H J P
B I X T Y A A C C E P T D X P
D F C P T T Y C W D J U E O
W W T L I B H S M M H R Y C I
E U S J D R L H M V J O Q N N
T N O I T I T E P M O C C A T
T O W A R D J L Z Q F K L L E
O S U I D J F L R E A A Q G D
G R A S S H O P P E R G M P H
```

ACCEPT	DEFEND
DIVISION	ROCK
TOWARD	ECONOMY
COMPETITION	WAIT
DUCK	PAN
SHARE	GRADE
SHELL	HANG
TAKEN	TRY
DEBATE	GRASSHOPPER
GLANCE	DISAPPOINTED

Puzzle 19

```
R E C E N T L Y A C C E S S F
X K H O S P D F J J M P B D J
E R G B J O K P C A N A R Y A
G C S S J D A D L T U P S O O
O L E S S A S Y S A S I D E V
K L I E P R W O L B Y B A B V
W R L R P T L T T R U C K Y Y
Q W I D I T N S I B H A H A U
Q C M D U E F R H X A V E M P
R R A A T A M O N G B L R E Q
O S F N I U O M P L I J J U Q
Z F O M O K E E I R T J Z N Z
W C L E H Z K Q P C A U J R M
C I V I L F E M I W T H N H V
```

BABY
CONTENT
ADOPT
ACCESS
ADDRESS
AMONG
BLOW
TRUCK
DAD
CANARY

HABITAT
PLAY
CIVIL
LESS
PUT
LOST
FAMILIES
SIDE
RECENTLY
MAYBE

Puzzle 20

```
R Q Q K G E T I O T N O U E Y
T D I S P L A C E H R P I F E
E N O Y N A X K S A R E S M I
F A Y L E I I S O N L N U O N
Z P I Y H C Y P H Z A L O T S
J X Z G O R R K T O O M I S T
C E L K B E T H S V V Y G U I
Z L E G A M R B O D I S I C T
G E E Y D M J K C P G T L R U
W H L A A O W H O M W E E P T
Y S I I R C Y J T H R R R N I
K L A X M S I G N A L Y S I O
H G U G T B F I N V I T E Q N
W Y K S H A A X R X G X R T S
```

ONTO	INSTITUTION
CUSTOM	INVITE
OPEN	THOSE
VOLUME	WEEK
MYSTERY	SIGNAL
THAN	WHOM
EXPAND	COST
ANYONE	CLEAR
COMMERCIAL	RELIGIOUS
GET	DISPLACE

Puzzle 21

```
W Y D Q U O T I E N T I E I B
P R G F H R C B L Y E G V B A
F N D G C O E K B N D V A G K
I J U O E B T M S E Z D H N I
I A C K E I U Z L D B K E I N
L T A X P N L W J Y H Q B T G
U A W J S S O E X E R C I S E
F D P W C N S G D M E P I E I
R I D E K O B Q B W P O N R L
O W U N O I A P V P Q I D E I
L D U C Y T J T B H E S E T E
O C K R M C T M L G P O X N N
C A M J C I S F Q M I N T I C
S A N F V F F I N S U G I F T
```

ROBINS	ABSOLUTE
FICTION	QUOTIENT
TEDDY	EXERCISE
SNIFF	POISON
COLORFUL	PER
INDEX	BAKING
KNOWLEDGE	LAUGH
BEHAVE	SPEECH
RIDE	INTERESTING
GIFT	DATA

Puzzle 22

```
F  P  K  K  Y  R  C  H  I  K  I  B  L  M  M
L  X  C  M  K  F  X  I  U  Z  N  H  L  N  A
A  S  M  J  C  D  H  G  T  N  J  I  A  J  V
T  C  E  R  R  O  C  H  B  P  Q  B  F  R  A
I  J  L  Q  Q  F  Z  E  M  N  F  N  N  E  I
P  L  A  Y  F  U  L  S  A  R  Z  M  I  T  L
A  Y  H  M  J  L  U  T  I  A  E  W  A  I  A
C  T  A  N  G  L  E  D  L  T  I  P  R  H  B
F  A  M  I  L  I  A  R  M  C  R  W  L  W  L
Y  B  W  O  U  N  P  V  S  E  D  W  G  Y  E
M  E  A  S  U  R  E  M  E  N  T  B  V  B  V
A  U  T  O  M  O  B  I  L  E  T  G  E  T  O
H  Z  N  Y  K  W  Q  F  O  R  M  U  L  A  T
V  E  R  S  I  O  N  E  Z  G  D  O  M  G  S
```

MAIL	KNIFE
HIGHEST	FORMULA
VERSION	CORRECT
REPLY	WORN
BELL	WHITE
PLAYFUL	FAMILIAR
AUTOMOBILE	NECTAR
RAINFALL	TANGLED
MEASUREMENT	CAPITAL
AVAILABLE	STOVE

Puzzle 23

```
L I V E S Z T Y T Z I J L H T
A L S K C A B C Y P G P T Q M
C H Q Q E N U U N S T A B L E
I O U R B D I K A M D N A R G
T D H F N U K R J A B N G A V
C T S O X O Y W P R L A C K I
A X C J O L L W S K V S R G T
R M G M Q C B C J E U S S I S
P E B L T F A W R F D B Y E
R T C I D E R P X L Y U N S L
M A K E W M O T E L A U Q E F
T C T T Y E N J O U R N E Y S
B K E R Z H O Y T Y E C Y J Z
S Z I E K T H V T E V F I S S
```

JOURNEY
BACK
MAKE
CONDUCT
MARKER
MOTEL
HONORABLY
PREDICT
EQUAL
PRINCE

LIVES
THEME
UNSTABLE
PRACTICAL
LACK
GRANDMA
ISSUE
THREAT
CLOUD
ITSELF

Puzzle 24

```
F  S  M  X  S  S  E  S  S  O  P  J  L  X  F
E  I  G  E  T  U  V  M  E  I  I  W  A  Q  U
A  T  A  L  U  K  M  S  J  U  R  S  Y  B  R
T  E  S  O  N  M  V  M  E  N  E  U  L  B  N
C  C  O  N  T  I  N  U  A  O  Q  Q  G  X  I
B  E  T  C  S  F  I  G  D  R  X  Q  E  Z  T
Z  L  A  F  E  B  O  A  A  E  I  R  V  Z  U
Z  K  O  F  H  N  J  G  P  T  M  Z  R  M  R
U  N  L  O  C  J  W  C  C  I  Q  T  E  K  E
Q  I  F  V  M  S  G  K  T  R  I  H  S  D  I
Y  R  O  M  E  M  E  L  M  W  D  R  E  B  M
M  W  N  I  C  E  L  Y  L  V  M  O  R  C  X
A  H  B  E  T  D  T  I  E  U  Z  G  P  P  G
L  O  C  K  H  T  H  V  Q  A  B  U  L  U  K
```

MEMORY	NICELY
WRINKLE	FURNITURE
DOES	LAY
FLOAT	BLOOM
BLUE	LOCK
RESERVE	POSSESS
SHIRT	UNIT
SUMMARIZE	JOIN
WRITER	SITE
CHESTNUTS	FEAT

Puzzle 25

```
Y E J C W I W L F V U N E H K
S I R Q W K E A X O J Z S L Y
I M A G E V I G J E L T T A C
P L A C E P J I D C E R A R I
K O F J T Q N S C I D O B U M
Y N Y N S K C A W J L P L M P
W A T C H I N G B F T X I D O
A O F K Y D A L S G A E S Y R
O I R D L N R J Z D K C H A T
X F X E M U R P W E B L R A
F H L U F O R L E A D E R D N
E K F U O F F U M K P Q F K T
S E N D H D O E X T E R N A L
T H B Z S E Q U E N C E D N P
```

OFFER	EXPORT
SEQUENCE	IMAGE
TAKE	SIR
WATCHING	SEND
ESTABLISH	IMPORTANT
GIVE	PLACE
CATTLE	FEED
LADY	MURAL
FOUND	EXTERNAL
CANDLE	LEADER

Puzzle 26

```
E  L  I  H  W  F  R  H  E  R  S  F  D  I  U
A  X  T  V  G  S  M  A  B  F  L  Q  E  I  P
X  L  A  I  H  F  K  L  N  E  Y  F  P  F  D
N  S  A  C  S  H  V  A  S  G  D  R  A  Z  A
Y  O  X  M  T  M  S  M  S  E  E  R  T  K  T
I  Q  J  U  N  L  I  Q  E  W  V  B  N  V  E
P  N  M  U  P  H  Y  G  N  I  L  M  Y  I  T
V  D  E  T  A  I  L  A  I  L  O  U  F  C  C
G  E  Z  F  G  F  Z  U  S  L  V  S  D  T  I
Z  E  W  L  U  T  S  T  U  O  N  T  A  I  P
O  C  F  L  A  B  Y  H  B  W  I  E  R  M  H
N  O  X  K  S  A  V  O  K  I  D  D  I  N  G
C  R  R  A  I  N  G  R  E  X  C  I  T  E  D
J  P  Q  U  O  T  A  T  I  O  N  F  A  T  M
```

BUSINESS	AUTHOR
TREES	DETAIL
KIDDING	WILLOW
EXACTLY	EXCITED
QUOTATION	WHILE
RANGE	HERS
RAIN	INVOLVED
MUST	PROCEED
HIMSELF	VICTIM
FAT	UPDATE

Puzzle 27

```
J F Y G E Y T G S W Q I S M E
M T D J B H Q Z E W J E P T T
K I Y T G I B Y S C B N A A H
W M N U Y A V H S X P I H E E
K A O K V X L Y A P T L R W M
X R P K Z R U O L O C C E T S
B G Y E K N O M G C S N P P E
R O H E A S B E N L L I H E L
E R O L F S N E U E E P Y N V
G P W H A E A G S A E F I N E
I C E X G C M A D N P K M Y S
O Q V M G O M O U N T A I N U
N X E G O R B M Z J J W A D H
Y O R H T P L X Z W I Y B H X
```

COLOUR
BROUGHT
SLEEP
PERHAPS
INCLINE
PEAS
BIG
THEMSELVES
LEEK
MAN

CLEAN
NEGOTIATE
MONKEY
SUNGLASSES
PENNY
HOWEVER
MOUNTAIN
REGION
PROGRAM
PROCESS

Puzzle 28

```
N R G Z W A T C H E D H N C J
T B B I S J N Q T U L I P O W
I S A Z I L K F E N D N Y N S
D Z B V V D C U T M D Z Z S B
Q S O A N D D N A T S K X T D
T P G U L W D N L A U I C R N
C G O S B P E Y J K R G I U G
M R A G F T S F N R V R M C A
G M Y E A N A S I N G L E T K
B L O C K S C B F D X A D N F
D E C A D E K S U I E C A Q W
X E S I P D O E Q M E O C Q E
X F O J S T O F B L A L A H A
J I B T I W B M F M H O W W R
```

FUNNY
SINGLE
BLOCKS
BOOKCASE
GROUND
ARM
BAT
TULIP
CONSTRUCT
END

LATE
HOW
WATCHED
WEAR
OFF
ACADEMIC
STAND
LOCAL
FEEL
DECADE

Puzzle 29

```
O K Z E W S Y E L M M R F O G
D J Q X I H R S H L G W U S N
V F S P T A O O Y L N Z W S I
A D S E H R T R F L I P P E R
Q T U D O P S T M Y X Y Q E U
E N R I U G I E M R O F E R S
D M V T T M H A R U B H P X A
L M I I K N L N N V X Z K J E
U O V O P E A G P C E Q Z A M
H T E N M T M R F R I E N D J
B M B F T S R Y D U T S L D X
P Q F I X I E L B A R E S I M
D B A M M L H U B T H Y Y J A
C O O N O I T S E U Q G V T Z
```

REFORM	QUESTION
MALE	EXPEDITION
STUDY	LISTEN
MEASURING	FRIEND
SERVE	SURVIVE
THERMAL	HISTORY
SHARP	FLIPPER
WITHOUT	BOXING
YOUNG	SORT
ANGRY	MISERABLE

Puzzle 30

```
V F M R O G Q F T H O U G H T
D O J N N K N I F R X S H Q H
E R S T U F F S T C O U V H G
V M J Q T E P H I E W O H W I
O A R E A L L Y H C T I D Q M
T T E B A X L G E N E R A L L
E I N N L N G I Z J U A L A M
T S W G T E W W O Z V V R P W
A R O O A D E B I B F U B U B
M R W K L P U D P T T D M U V
I X O F L G L J M L H I I A A
L E F P R E S S U L O C A T E
C Y L R A L U C I T R A P W F
L E R E S P O N S I B L E E C
```

STUFF	DEVOTE
DOOR	BLEED
RESPONSIBLE	PRESS
TALL	DITCH
FORMAT	LOCATE
MIGHT	REALLY
VARIOUS	CLIMATE
PARTICULARLY	GENERAL
CULTURAL	OWNER
THOUGHT	FISH

Puzzle 31

```
V A R I A B L E D S D S C B F
I B O W L W I L D E R N E S S
D L W D E A R T R W O W O M B
V O Q R L E L O R R W J X O D
L C Z X T F O Y C I P E R L Y
O K M N M I H H O T V R Y T I
S Z E N X L C W U E O O I N N
E C L W N B L W R W T L T A T
U I V M G E U V S O A K D T R
E Q K N A U N T E U L L R S O
F L U F F Y S S Q M V O X N D
P Z T S E V E N Y O V F Z I U
M K O B N B V F U C Q A A C C
B D E K K T L M X L V J T K E
```

BORROW
WILDERNESS
FLUFFY
SEVEN
COURSE
WRITE
INSTANT
CENTER
VARIABLE
ROLE

FOLKLORE
LIFE
OWL
INTRODUCE
BLOCK
TOE
LOSE
WORD
AUNT
QUALITY

Puzzle 32

```
L V Y I K X A J I H Y P P Z S
H M F W H V N W R E N N I D O
C A T C H O N P E P W D F V M
A J Y T Y T O P L P X E L W E
P S O R A N G E A O V V A Z T
U U L T L J N T T S S F T K H
Z P P P Q T M X E I T I I N I
W W M I I S A L T T U L P A N
V R E F L T N K N I D Q S K G
N Y U T O R R A C O I I O R T
H L M Q O F C N K N E M H V K
E L P F W C H A I N S K X V P
F E B R O C C O L I S A K R Z
D J F H U N D E R S T O O D J
```

HOSPITAL   CARROT
STUDIES   WEAK
UNDERSTOOD   PLENTIFUL
PUPIL   POSITION
JELLY   EMPLOY
SOMETHING   SALT
BROCCOLI   WOOL
DINNER   CHAIN
RELATE   ORANGE
GONNA   CATCH

Puzzle 33

```
B F C L H T W O R G D I P R P
U O U L A T I M I D F C Q M A
O G V E S N L B S N I A L P R
X R P C B A F S B W T Z V O T
J E O I T N T G I A U W E X I
R I R R D I Q A T M R O C C C
K L D K P M D R A K E V A H L
F Z D U L O P K E W T G L O E
I T C L U D A F T V Q Q P O Y
R B K D E N V D A N G L E S H
M K Z J M E M B E R J L R E P
M E T D I S T A N T A Z I V S
C U R R E N T K R E B P F X I
I S O L A T E D R H R A T J G
```

TIMID
PARTICLE
DROP
MEMBER
GROWTH
REAL
RICE
DRAKE
FIT
ISOLATED

PLAINS
RABBIT
DISTANT
MET
DANGLE
FIREPLACE
DOMINANT
CHOOSE
REPEAT
CURRENT

Puzzle 34

```
W O R R I E D P N V U E A X D
Q L I C H L D R O C E R R T F
P U B G K V F E R E H T E Z T
B E S P F H U F I B U L G P N
T O D E R O N E E I V Q A G E
V J Z R R V C R G R S B C G S
D K G Y T P T M E D I C I N E
L K R W O T I B R O R S I I R
T H N N B Q O T L U O D S H P
H F Y A X J N O I T A N B S E
O K C A O Q D L A N D D X I R
O F Y Y R S X I S H A K Y F D
F T R E Q D R O S S E F O R P
F A V O R A B L E H Q Y K I S
```

WORRIED	PREFER
DISH	CAGE
FAVORABLE	YARD
PROFESSOR	ORBIT
FUNCTION	NATION
FISHING	LAND
SHAKY	MEDICINE
THERE	LET
REPRESENT	RECORD
IRON	HOOF

Puzzle 35

```
B Y F Q L V V Y L A D O S O N
U L C J B I C L V G B T E O Q
S Y L D I P A R U X K S S B J
Y Y G J Q B U I E Z Q S O M H
R Z S Y E K C O H T E T I R R
C I Z S T S I L F L R R Z O B
Z X A T A T R I A L U U W F T
Y B N Y N U D F R B S T O R E
D G N P U M H U D Y S H J E R
K B E L T T I L C C E N K P M
M I U S R E W O L F R K B L S
E K K W O D A E M C P V O A T
Y G L O F F R I E N D L Y N V
B W R L W A T T E N T I O N B
```

TRIAL	CRY
FORTUNATE	MEADOW
LESSON	ABSORB
PERFORM	BASEBALL
TRUTH	PRESSURE
LITTLE	LIST
FRIENDLY	RAPIDLY
TERMS	ATTENTION
BUSY	FLOWER
HOCKEY	SODA

Puzzle 36

```
G  M  K  D  G  L  Y  C  O  S  O  C  O  L  L
R  C  C  I  N  A  H  C  E  M  Q  W  A  A  A
E  X  I  V  O  W  H  F  K  H  J  I  U  N  U
W  O  U  S  I  Y  T  S  E  G  R  A  L  C  G
B  L  Q  I  T  E  S  O  X  E  Q  K  M  I  H
S  U  D  X  P  R  E  M  T  Z  C  V  X  E  A
L  R  F  J  O  A  R  A  H  W  J  X  V  N  B
I  W  O  F  L  M  F  O  R  M  E  R  T  L
P  P  V  S  A  C  O  M  M  U  N  I  T  Y  E
S  X  G  P  Z  L  D  I  F  F  E  R  E  N  T
M  E  S  R  U  N  O  I  S  S  U  C  S  I  D
L  N  Q  X  R  R  B  M  E  G  L  P  P  Z  U
D  E  F  I  N  E  Y  G  M  H  X  N  X  L  Y
S  X  J  L  A  O  T  F  W  Z  P  H  G  T  R
```

NURSE	DEFINE
DISCUSSION	MATERIAL
LARGEST	COMMUNITY
DIFFERENT	GREW
QUICK	LAWYER
ANCIENT	LEGS
MECHANIC	SIX
OPTION	SLIP
FORMER	BUFFALO
REST	LAUGHABLE

Puzzle 37

```
C L S M L A X P X G A C T S S
K H Z G B E G D E L S T D E I
L A H W L S K J A A V H N E G
V C R P S I N F E S S S K R N
R J M S T S O R F S W H P P I
H O F E Q G T U G E A R D H F
C C N S X S O C R M N A T T I
A L X S F E Y F E B M G O R C
E L A U D A R G A L F D H Y A
P V K O L B T T T Y T S R I N
G N S I R V I O L E N C E N T
U A Q R O L E M O N A D E G J
N A D E W P O I N T L E S S A
M P P S K X G M N J K C Y C B
```

SWAN
WORLD
VIOLENCE
KITE
LEMONADE
COMPLEX
EXERT
SLEDGE
ACT
GRADUAL

SERIOUS
SIGNIFICANT
NOT
PEACH
SEE
GREAT
ASSEMBLY
FROST
POINTLESS
TRYING

Puzzle 38

```
K N T P G C W W O F V E N Q S
R O T E T I R O V A F L E L T
S I L A Y O R L L Y M E D W R
A T N E P S U F U M O M U J A
S A U D B D Z G U T N E S B N
I L M I D E N R O G I N T A G
M U Q B R C A A G O T T R D E
P P N G I R P N R Q O A A M S
L O N Z N E K E I G R R W I T
E P O C K A Z B T M P Y B L R
Q Z C M T S C N G R A O E S X
F O R T Y E E C Q F O L R B K
E V E R Y T H I N G R L R P J
L E T T U C E T D I Z U Y Z L
```

SPENT
ELEMENTARY
ANIMAL
IDEA
PETROL
POPULATION
BAD
FORTY
DRINK
LETTUCE

DECREASE
GRANDPA
ROYAL
WOLF
EVERYTHING
STRAWBERRY
MONITOR
FAVORITE
STRANGEST
SIMPLE

Puzzle 39

```
P K O E Z K Y Y K L O P P P J
W V V H R O T C O D R E N T K
P G G N I I K S V S Z Q D V N
G L O W T W V P E D I C E D E
W W R N M O M L A R O M Y T E
V M E W D M Y C O P E K E E K
M D G G N I R P S E C T A L A
I B N B R I D G E D Z L N L C
W I I N W K Y B D N C U O I S
R Y K C B W A J Z E D H T E K
F Q N O D R A P R U V O T W F
P A I C O M P U T E R P L O U
Z Y H V S L E E P Y W I F E I
A W T M K D F Z S D V I O U S
```

BRIDGE   INTEREST
DOCTOR   IDENTITY
MORAL   EYE
TELL   COMPUTER
KNEE   WIFE
RENT   SKIING
SLEEPY   PARDON
RING   SPRING
GLOW   DECIDE
CAKE   THINKING

Puzzle 40

```
F O C U S D Q R J D J P E B C
Y R J A J S E U U U V M I R O
B X T R D A F T M E M F O I M
T R I P D H O R P E V O Q G I
V K Q I V D D E V E L O P H N
M E N T A L P W E C L O F T G
P G I Y J S V O B R I O I S J
G S A R I L A P J Y H L R E D
A S T S A E L A D D T E Y D E
Y G N C H A L L E N G E I O T
G M U R D E T E R M I N E M A
S D O I O L J C U R G U O V B
Y N F Z Q C M Q S K L E P G L
P B X S E T A R T S U L L I E
```

BRIGHT

CHALLENGE

TABLE

LEAST

FOCUS

DETERMINE

TRIP

READING

POWER

HAS

TODAY

DEVELOP

MODEST

COMING

FOUNTAIN

HILL

ACORNS

JUMP

ILLUSTRATE

MENTAL

Puzzle 41

```
U O V H G L Q S S E R D S E I
S D I C U C T U B S Z V P N O
T D N U O R D O A T M O L J R
L W V D J A D I D N C Z W O Q
S N D H J S T V T Q T O K Y O
X H N H K H R E S R N I W Q V
J T O U U H L R X S A Z T Y Q
F R I D G E Q P C C G H M Y S
T E T D I S C O V E R Y B B I
H P I N A M T S O P H M K E T
E O D A J Z V E W T A D P A T
O R U M L L G N I L C Y C T I
R P A E P O L I T I C A L Q N
Y L H D O P P O N E N T M D G
```

SITTING	THEORY
PREVIOUS	DRESS
BEAT	AUDITION
OPPONENT	LAMB
POSTMAN	PROPER
POLITICAL	FRIDGE
DEMAND	ROUND
CYCLING	QUANTITY
CRASH	ENJOY
DISCOVERY	SNOW

Puzzle 42

```
C C O L U M N C M I N U T E S
A I G L O E W O P O L I C Y D
R O T L M R D N E L Y B P G E
M T P I J O O C P O U N D S N
T H I P Z F L E S R U O Y T O
R V N K W E E R T C N H F N M
W N U O B R N N I Z E L I M I
Y P T M W E F W W R R B H G N
W E F W Y H C L S D I L L M A
T T M U L T Y E H K U E C R T
S C H E D U L E L K Q P K Z O
G K C T X F Q I N D E A Y H R
J L S E L D O M U L R J C Q W
R E A L I Z E G F G G R A N D
```

POUNDS

MINUTES

MILE

DENOMINATOR

REALIZE

REQUIRE

CONCERN

SCHEDULE

POLICY

TREE

COLUMN

LEND

NUT

THEREFORE

GRAND

CITIZEN

GUILTY

YOURSELF

SELDOM

HERSELF

Puzzle 43

```
C L F L O O D W L F L Z C A H
J G H D R L H B A I F G L H I
J T W Z G O L A E V L W P G D
Z U R W W S K F V D E A Z U E
U W F A B E E P E U R W E I M
I N S P E C T O R G E R F D A
E H S H C N E E A H X G F E C
F Q A G I I W R Z F H O Z L S
I I R N M S A V C A I S M I E
E D G E O P H T Y Z B U R N C
A T T E N T I V E T I V R E O
R P N O O T R U S T T E A S N
X I O A C E X A M I N E F W D
P P L O E P A R E N T S R S P
```

INSPECT	WASH
EXHIBIT	WAVE
FLOOD	GUIDELINES
REVEAL	PARAGRAPH
TRUST	GRASS
EXAMINE	ATTENTIVE
CAME	HIDE
ELF	PARENTS
ECONOMIC	SOLO
SECOND	SINCE

Puzzle 44

```
E  X  P  E  R  T  T  R  O  P  P  U  S  E  R
G  T  N  N  F  Z  S  E  F  K  M  W  D  N  E
B  H  D  O  W  E  U  C  Y  I  S  G  I  E  L
E  A  V  N  U  X  D  E  X  G  A  I  R  R  A
T  N  J  E  S  D  Q  I  Y  L  I  N  E  G  T
A  K  A  P  J  O  S  V  A  W  W  Y  C  Y  I
P  S  I  S  E  L  L  E  W  J  B  B  T  P  O
I  O  U  P  O  R  T  R  A  I  T  F  I  H  N
C  G  S  Y  L  H  F  E  V  U  N  S  O  H  S
I  V  Y  S  Q  U  J  D  I  Z  O  E  N  N  H
T  V  Y  B  I  Z  X  H  E  I  A  D  S  Q  I
R  O  V  S  D  B  C  Y  L  L  A  N  I  F  P
A  O  O  I  E  K  L  R  E  V  I  E  W  A  S
P  T  R  I  C  K  W  E  S  T  O  P  P  E  D
```

TRICK
STOPPED
RECEIVE
DUST
REVIEW
POSSIBLE
EXPERT
ENERGY
FINALLY
RELATIONSHIP

PORTRAIT
WELL
NONE
PEA
SAW
THANKS
PARTICIPATE
DIRECTIONS
SUPPORT
SOIL

Puzzle 45

```
S A X Z M T T D I U Q S B E C
A Y K N W Y O U C I C O E X O
A L U F E R A C L A N I T P N
S A D F R O O K F B F N T E S
S A O S L P J L S J L M E C E
E M R X T E V I Z A M Z R T C
R Z E L O H W N O S P D F E U
C R S T X E T G H Y E O Y D T
T Y W M H S S K I T C H E N I
E N I F N O C M H F C N Z J V
N O G A R D D O I E R O O M E
O P Y I Q O A W R L E S A E W
S Q U I R R E L O E E O S B F
Z H Z P G X Q K L G Y T D W S
```

BETTER
KITCHEN
DRAGON
WEASEL
SCORE
TEXT
CONSECUTIVE
METHOD
CRESS
ROOM

DUCKLING
PONY
SQUIRREL
SMILE
SQUID
SAD
EXPECTED
CAREFUL
CONFINE
WHOLE

Puzzle 46

```
M  Y  D  O  M  Y  U  D  Y  N  A  P  M  O  C
G  G  Y  N  E  V  M  D  P  S  A  L  Y  O  W
F  S  U  N  N  Y  F  S  O  T  J  A  I  D  Q
B  O  T  O  S  M  E  U  J  D  A  N  J  Y  A
Y  O  N  S  D  G  R  E  E  D  N  E  P  E  D
F  J  E  Z  I  C  O  G  U  S  T  P  R  K  Z
N  U  M  B  E  R  H  A  T  H  H  P  F  J  F
J  I  N  S  D  P  S  O  L  J  F  A  E  L  U
S  L  O  E  U  R  Z  A  I  N  B  H  R  L  O
Z  D  R  H  K  D  S  T  O  P  P  C  T  K  L
L  C  I  U  M  B  R  E  L  L  A  A  A  V  V
Z  S  V  S  E  C  U  R  I  T  Y  E  E  R  P
W  C  N  L  F  E  N  C  I  N  G  S  H  T  A
F  P  E  R  U  D  E  C  O  R  P  F  T  Q  H
```

UMBRELLA	SUNNY
FENCING	ORDER
COMPANY	PLAN
STOP	GUST
NUMBER	LEAF
HAPPEN	SOURCE
PROCEDURE	COIN
SECURITY	ENVIRONMENT
THEATRE	DEPEND
EACH	DEER

Puzzle 47

```
I  R  H  T  S  T  R  U  C  T  U  R  E  Y  N
Z  O  F  O  N  R  D  A  Y  Z  L  N  C  T  A
F  K  M  O  S  E  D  I  S  H  M  A  I  I  T
R  N  H  F  R  V  D  Y  B  R  R  C  N  L  I
Y  P  Y  O  X  O  N  I  K  U  A  H  T  I  V
A  J  C  T  L  O  O  H  C  S  F  I  E  B  E
C  L  T  U  I  W  P  C  K  N  H  C  L  I  S
C  X  N  C  D  P  A  F  T  F  I  K  L  S  U
O  A  N  H  Q  N  O  M  W  D  S  E  I  N  D
R  D  P  U  Z  G  A  J  K  Q  R  N  G  O  D
D  F  P  R  O  W  L  U  F  E  C  A  E  P  E
I  S  B  C  T  R  A  G  I  C  M  C  N  S  N
N  Q  X  H  K  P  E  B  T  I  L  L  T  E  L
G  Y  L  Z  K  O  F  K  F  O  R  K  P  R  Y
```

CHICKEN	PEACEFUL
FOOT	TRAGIC
FORK	NATIVE
INTELLIGENT	SCHOOL
SUDDENLY	CHURCH
STRUCTURE	POND
ACCURACY	RESPONSIBILITY
OVER	LUNAR
INCIDENT	SIDES
ACCORDING	FARM

Puzzle 48

```
T R A N S P O R T G X T F I T
K V F D F Y P G L T U A Y A Z
P A G E I E I Y U Z B L R S M
S P E E D S Y T S F S L A J D
S D T M E K M N E I H E T G S
H I A U I L L I R L R S N N I
A F L S F O Z O S M E T U P H
D F O S S L N P W S W B L U T
E I C A I I F C L A S T O S Q
Y C O Y T L Q X E J T L V O X
H U H R A E C R S D K R U F Y
V L C E S J E J U F J E J A Z
L T U I F K O K V D F Y G C O
G I I W I L D O H U U O H H D
```

RESULT
ASSUME
SPEED
ONCE
SHADE
CHOCOLATE
THIS
BUNS
DIFFICULT
PAGE

VOLUNTARY
SHREW
LAST
POINTY
SATISFIED
TRANSPORT
DISMISS
TALLEST
SOFA
FILM

Puzzle 49

```
C X W W L N O P A R S E L O V
L A D D E R A P U W A T K P K
F N R F M M G O B Y N A I U C
X G U Q V I L K K I D G E G H
K V C Y Q F P H W M C I E K S
T R U H S I W Q H L A V J X U
R O I I B E E N E W S A W Y G
Y O H G U O H T E H T N E T G
O R L H Y M R A L R L I F J E
B T O L A E E B A G E J U R S
K H L I J K A A I X M Q J H T
X Q B G N O M R F E R R E T F
S Q Z H D R T T S Z E B R A G
V T M T A B J P F Z D A Y P K
```

HURT	FERRET
BEEN	ZEBRA
FLOUR	WISH
THOUGH	WHEEL
TENTH	ARMY
VOLE	YOU
HIGHLIGHT	SANDCASTLE
YEARS	NAVIGATE
BROKE	LADDER
BOY	SUGGEST

Puzzle 50

```
B T P L I J Y G L H E W D I N
P A F G N I K A T U O E E H V
D X B Z T S N S M Y H L L O T
W A S Z E V O B A S C B S U Q
I O M O R F I C U J A A A R Y
R I K O R S T P S N O I Z S L
C E G L U O A X K F R L N F E
O B A O P I L J I H P E L C F
N I F C T I E Z R U P R R X A
T R S X H Z R N T M A O Q V S
R C I F D E O S U G F V H E R
A S Q L U N D E T T O P S Y T
S E C O N C E N T R A T E E R
T D T R E A S U R E H A C X B
```

REACHED	DESCRIBE
FROM	FORCE
ABOVE	PUSHED
RELATION	CONCENTRATE
RELIABLE	HOURS
INTERRUPT	WAS
APPROACH	CONTRAST
TREASURE	SKIRT
TAKING	SAFELY
SPOTTED	SLED

Puzzle 51

```
A Q Y C I N F K X O B B H J B
E L D E E N W O B N U D J K A
Q W A Y R E V O C E R M T W L
X R V M C H M O O R H S U M L
K X L G J T J E L G G I W X A
V T R X A R L X L V V O L E O
I Z K L K O E R E H E L C Y C
U Y K Q U N J V C N G T P Y W
Y E H T Y L F N O G A R D M L
D I G E S T I R M R U P O N D
X D N S N R Z Y P P P O H A I
F R I O Y L E T A I D E M M I
X U W N L M A L C L T C Q H N
Y I S M A Z K G T S E U Q E R
```

COMPACT
BALL
IMMEDIATELY
NEEDLE
TALKED
INVOLVE
DIGEST
SWING
THEY
NORTH

DRAGONFLY
WIGGLE
CYCLE
RECOVERY
NOSE
REQUEST
MUSHROOM
PROVE
HERE
UPON

Puzzle 52

```
D N O T T O C U B Y C Q M F P
P E S U C C A A A L M O S T I
U V S X T P L W R E T T U B C
O A Y T P P G I E E S I A R T
F E J L R F G R G C F L A H U
K H V C Y O E T N U L U G I R
H E R O N C Y A I G E P L I E
I Q N N I B T V F I S U R L J
K G G F Q P I H S Q Y B O R Y
W N F X M V V Y K Q M L O T R
W O N C J M I W E Y J I S C R
V L I Q H Z T T U D N C T C U
V E W W T E C K C V I K E K H
P B Q P M D A K D O Z E R L A
```

CAREFULLY   PICTURE
RAISE   BUTTER
HERON   HEAVEN
FINGER   ALMOST
OFFICER   HALF
BELONG   DESTROY
ACCUSE   ROOSTER
ACTIVITY   SHIP
HURRY   COTTON
PUBLIC   MYSELF

Puzzle 53

```
X Y N A B P I N D U S T R Y W
U G S Y I Q Z E C G Z V N L M
R J A B R O M A I N T A I N T
F F M L T K U Z H I R V J R V
G Y E S H M R O R Y E A C A H
I L L Y D B D I Y A V L L E A
N I A W A Q S N Z L E E Y L W
S M R S Y I V A B P R N G L K
J A T E S I U D L V Y T P A V
N F N W G E C R E I F I S W N
H I E O I S S E N K I N K P A
X O C C N R Y L B O B E Z S K
Y C N E G R E M E H I X Z D X
D E N T I S T W D N Y A J Z A
```

FIERCE
REVERT
GLASSES
DRUM
PLAYING
INDUSTRY
LEARN
MAINTAIN
DENTIST
BIRTHDAY

COW
FAMILY
WALL
NICE
EMERGENCY
WIRE
VALENTINE
SAME
HAWK
CENTRAL

Puzzle 54

```
A O K O D R P H U S G P Y P S
Y W C D Z K H V G M L X V R U
C M W S E O G I I U G P M O F
Y E X C W D D C C Y A I Z D F
S O U P A E G N A R R A F U I
T N J S L K N D K E E B A C C
J H K B J C U B Z V Q I U T I
O G M A C I L M K L I I L I E
L U P C X P E R U P T W T O N
H O L T X G X G F T G E A N T
L R A O M O O N M E R R Y N X
B H Y R I N D I V I D U A L T
P T E T A U C A V E D D E X L
W G R S W F H U O Z Q O Y O R
```

VERY
THROUGH
MOON
FAULT
INDIVIDUAL
PLAYER
HUMBLE
BEE
GOES
NEWS

SUFFICIENT
WANT
PRODUCTION
MERRY
ACTOR
PICKED
EVACUATE
ERUPT
SOUP
ARRANGE

Puzzle 55

```
E  X  K  S  A  M  G  Q  Z  K  J  Y  P  X  D
N  F  N  H  R  U  U  E  S  I  E  R  U  S  U
X  G  B  E  V  E  T  Z  A  U  C  Q  Y  A  R
I  H  S  S  K  C  A  H  N  G  N  S  O  K  I
S  E  V  I  R  P  E  D  O  L  E  M  A  G  N
K  J  F  O  N  L  R  X  I  R  D  R  B  P  G
A  T  T  N  O  C  T  P  L  L  I  F  H  J  I
S  E  H  S  I  D  I  Y  D  C  V  T  G  M  M
K  S  A  Y  T  I  L  I  B  A  E  B  Y  K  A
R  U  X  N  U  T  E  C  H  N  O  L  O  G  Y
K  O  M  Y  L  H  B  H  X  O  G  A  Q  Y  C
K  M  A  X  O  V  K  A  X  E  J  C  E  P  M
E  F  Y  K  S  H  U  K  L  F  E  C  I  G  E
R  E  Q  U  I  R  E  D  I  F  B  K  T  X  M
```

TREAT	DURING
SURE	ASK
ABILITY	EVIDENCE
DEPRIVE	LEG
SOLUTION	DISHES
TECHNOLOGY	LION
NOISE	SHE
MOUSE	REQUIRED
GAME	EAGER
AUTHORITY	FILL

Puzzle 56

```
H T G R A D U A T E A D D G H
U E A S S I G N E T T O R E G
H K P E S H Z O N Z G A D N E
V R I L S H E I O P W E B T W
P A N C O N S T G T K D R L B
S M E I B Q L A A S V Q B E E
A X A C U K A C A C F X Q M X
A H P I H G F I P B I C W A E
S P P F I V E L G S K D Q N C
S K L O G L U B O S D D E E U
U O E R Q D I U E E Z G B D T
R W J Y K P H P I N Y S B U I
E F R A G M E N T S M M J F V
P R O T E C T F F E N T L Z E
```

ASSURE	ADD
FALSE	FRAGMENT
PUBLICATION	GONE
SENSE	PINEAPPLE
MARKET	DEDICATE
ASSIGN	EXECUTIVE
ICICLES	ASKED
PROTECT	SEAT
GRADUATE	ROTTEN
GENTLEMAN	FIVE

Puzzle 57

```
V I T A M I N S B Y E G D Z E
E Z E X W G O E H I X B A Q L
R Y H F C V C S W U U M K R C
N D D A P S A C L J W T Z E O
H U G G E D L Y M X Y U P U L
H F Z Y X J C K H H C B U Q L
D M U F U B T C A R E T N I E
L Y L O K N H E X M R U I T C
T O O L J A I H V A I O A N T
R T T J N W E C W T P B L A S
K S U G J H D R F U M A P C G
Q R E P A I R S B R A U X I H
B U A M E L T P M E V A E L Q
S B S M R O W O L L E Y W M W
```

MARK	EXPLAIN
MELT	HUGGED
MATURE	YELLOW
ABOUT	INTERACT
LEAVE	CHANGE
COLLECT	WORM
BREAK	REPAIR
TOOL	CHECK
ANTIQUE	VAMPIRE
VITAMINS	BURST

Puzzle 58

```
P  B  O  T  T  O  M  W  C  L  J  I  M  T  C
X  L  L  I  M  X  R  I  I  H  Q  J  Q  O  U
R  N  A  Y  Y  K  R  O  W  T  E  N  F  M  R
O  C  G  N  I  V  I  L  U  D  H  O  D  O  R
Y  U  R  B  E  I  S  C  H  Y  L  I  Y  R  E
X  S  F  E  N  T  C  I  D  R  E  V  N  R  N
P  S  S  X  O  W  S  F  O  A  E  G  V  O  T
E  V  N  S  T  Z  D  S  O  T  X  J  X  W  L
A  K  O  P  S  Y  N  X  L  N  P  F  K  R  Y
T  G  W  J  P  E  I  E  B  E  R  U  O  P  L
T  Z  I  T  B  J  M  M  W  M  E  F  Y  X  H
I  C  G  Z  O  B  E  P  J  M  S  S  O  L  F
A  J  I  U  L  I  R  Y  F  O  S  A  M  B  M
Q  C  R  K  D  E  R  I  T  C  T  T  R  Y  Z
```

REMINDS	WITHIN
TIRED	CURRENTLY
PLANETS	EAT
MILL	HIS
BOTTOM	POUR
NETWORK	BLOOD
BOLD	LOSS
TOMORROW	COMMENTARY
EXPRESS	LIVING
VERDICT	STONE

Puzzle 59

```
I  S  Z  G  Y  F  A  G  R  E  G  D  G  E  C
N  P  H  Y  R  E  H  T  O  R  B  H  L  R  H
G  K  K  O  M  A  L  E  V  A  R  T  W  I  E
R  K  C  S  E  B  P  Q  W  H  E  U  E  P  R
E  M  I  T  I  D  E  E  R  E  T  O  D  S  R
D  E  L  L  U  P  O  B  B  T  A  M  K  N  Y
I  R  E  L  E  C  T  I  O  N  W  C  P  I  E
E  O  L  N  E  A  T  S  B  I  R  T  H  H  K
N  H  I  R  H  T  D  A  P  X  R  X  X  X  E
T  C  P  H  U  B  G  F  M  Q  H  K  E  Y  C
R  B  A  J  D  D  D  E  M  T  E  Z  U  Z  D
B  O  S  T  V  Y  Y  A  Z  P  H  T  F  J  T
Z  J  S  W  D  O  D  E  T  G  I  D  Q  A  C
D  N  X  D  X  B  F  F  H  K  N  R  G  D  B
```

INSPIRE
CHORE
MOUTH
TIME
CHERRY
PASS
ELECTION
EDIT
BIRTH
BEETLE

INGREDIENT
NEAT
KEY
BROTHER
TRAVEL
SAFE
WATER
GRAPE
SHOE
PULLED

Puzzle 60

```
T  E  Q  T  S  N  A  G  P  S  V  P  E  U  B
L  X  K  E  Y  U  M  P  E  Y  H  Z  Q  P  G
I  P  H  M  V  T  I  E  N  O  U  A  G  C  Y
G  E  G  P  D  R  Z  N  N  V  D  P  D  F  J
H  N  G  E  O  I  G  E  I  E  N  L  A  O  W
T  S  N  R  U  E  G  H  E  P  A  S  T  C  W
B  I  I  A  B  N  P  W  S  R  L  R  E  D  E
H  V  K  T  L  T  H  O  A  S  S  E  G  W  Y
Y  E  C  U  E  S  X  L  C  S  I  L  R  O  O
L  Z  O  R  P  W  L  Y  H  O  P  T  O  F  Y
W  B  T  E  R  H  D  B  T  C  O  T  F  Z  O
A  S  S  I  S  T  D  O  A  I  P  E  T  O  F
A  H  C  M  O  N  E  Y  K  A  C  S  U  S  T
P  R  E  P  A  R  E  M  D  L  O  H  H  K  P
```

STOCKING	PAST
MONEY	WHEN
ASSIST	SETTLERS
LIGHT	SHADOW
EXPENSIVE	PENNIES
PHONE	DOUBLE
ISLAND	TEMPERATURE
NUTRIENTS	SOCIAL
FORGET	PREPARE
PACE	HOLD

Puzzle 61

```
D P O W D E R O Y R B S L W P
N E D I L L O C S E T E L O I
S S C W I D T H B D C H A M N
D O F A X P W P E R S T B C W
Y L I F Y T R A P O S O W P H
B C K Y N X E R I S K L O V O
C O N D O R T P D I B C N R K
F R Y D S I E R A D Z V S K S
Q E S U A C M S E N T E N C E
P A M M H D I A U N H T W W B
Y S G H A E R N G X E O E H Y
Y O Z E F F E Q R I M V T A N
Q N P C D T P G T J N O R T B
C K C F T E B Q G K R E R M D
```

PERIMETER	ARE
PARTY	DECAY
WIDTH	SENTENCE
COLLIDE	IMAGINE
VOTE	MUDDY
SNOWBALL	DISORDER
POWDER	CONDOR
REASON	CLOSE
BEACH	CAUSE
RISK	CLOTHES

Puzzle 62

```
C O N G R A T U L A T E E E J
W C I N O P P O S I T E V A O
F F Y U D T N T O U Y X E L U
E O G W O R S T P L S B N S O
I U N S I M I L A R I S I Y H
Y F I A F I Z W A O Z C N Y V
Z I H H T I W J B E I M G E G
W V T Z V R X Y E M K V F N V
I U O S K C E P O H P M I I Y
H U N D R E D L D A Q N I H U
T F T F A S A A L A R A W S P
X C P T D I D W K A W E I G H
I J D F D R J N W R E D P E Z
S E N T I R E V E R B S N B S
```

HUNDRED	HOP
WORST	NOTHING
SIXTH	LAW
VERB	SIMILAR
ENTIRE	EVENING
RISE	OPPOSITE
WEIGH	SEAL
SHINE	CONGRATULATE
PECK	WARNING
BYE	DARK

Puzzle 63

```
P H O T O G R A P H P A Y R J
U T Z S C Q G T B R L U Y U U
L R G E S O P R U P A K M C N
J O I H K H Y W S F N P M B D
R W R C X I F C R C E B U L E
S S L I F H L H W D T L M E R
B P S R S W D L W N A O D P S
G I R A F F E Z O N T O O N T
N F R E E Z E I N U I T J Y A
I H T O X L T O K E S H I Z N
O P D C F C Y D W H E Z I Y D
G G J C E T A E R C H M S P N
X F Y S L X D I S C O V E R J
S P E L L I N G P A T I E N T
```

SECTION
CREATE
PURPOSE
UNDERSTAND
JUMPED
HESITATE
WORTH
PATIENT
KNOW
RICHEST

DISCOVER
PHOTOGRAPH
GOING
FREEZE
MUMMY
SPELLING
LIKE
GIRAFFE
PLANE
GIRLS

Puzzle 64

```
A  S  H  K  M  H  W  O  L  L  A  S  N  O  L
F  R  E  H  T  I  E  K  B  J  D  I  I  K  S
T  O  I  S  T  L  E  F  C  Z  I  L  F  C  J
E  O  G  C  S  T  O  R  E  B  O  E  P  P  K
R  D  H  C  Y  V  Q  V  X  E  F  N  R  U  B
N  T  T  C  E  J  B  U  S  L  C  C  B  D  U
O  U  C  Q  U  M  J  H  V  B  Q  E  J  C  E
O  O  J  X  J  I  Q  B  M  A  R  R  I  E  D
N  K  K  Q  V  T  W  S  R  T  G  D  L  M  O
K  N  N  F  O  D  I  R  I  R  N  O  I  N  O
P  O  I  P  W  S  L  P  F  O  A  U  O  S  Z
F  T  A  H  Y  P  Y  H  N  P  H  D  S  S  K
D  E  K  O  O  L  H  X  K  M  J  Z  U  W  E
T  H  K  G  I  N  V  I  T  A  T  I  O  N  U
```

OUTDOORS	SILENCE
LOOKED	GOOSE
MARRIED	ALLOW
HEIGHT	SUBJECT
PORTABLE	ONION
INVITATION	EITHER
KNOT	FELT
BURN	TEAPOT
AFTERNOON	FIRM
WITCH	STORE

Puzzle 65

```
T U X S Z G L J C R U C M J U
B H U V F I R Y F R W H C M V
Q X S U D D E N W S T A O O P
B H J R L Y U V C N H R M F Y
H Z S V A T S A M G G A P R H
H E H J I A S V O G U C A V N
K U L S C E N A R I O T S F Y
G X H M E R R P O A B E S Z S
E X C E P T I O N D T R I R F
Y B T I S K G P I I L K O H Q
B E D R O O M S M M N V N T U
S U M M I T L A B O R T E L I
Y B U N N Y E G G S I Y O C T
K M B B S H A P E D U S T Y E
```

DUSTY
QUITE
BEDROOM
SHAPE
MINOR
INTO
BOUGHT
EGGS
CASE
LABOR

EXCEPTION
SUMMIT
SCENARIO
COMPASSION
SPECIAL
SUDDEN
TREATY
YET
BUNNY
CHARACTER

Puzzle 66

```
Z  X  Y  F  I  D  O  M  K  E  L  O  D  N  S
R  T  Q  T  E  N  O  I  S  U  L  C  N  O  C
K  S  H  Q  K  A  E  L  N  F  Z  E  J  V  P
V  A  L  U  E  B  T  I  F  D  O  O  G  W  R
J  E  L  J  U  E  W  U  D  E  L  V  N  I
F  T  A  D  J  N  E  C  R  O  F  E  G  V  V
K  A  C  H  A  A  F  D  B  E  S  J  D  C  I
I  R  R  I  T  A  B  L  Y  L  G  O  I  O  L
Q  R  E  D  N  E  I  G  H  B  O  U  R  M  E
N  V  T  N  E  M  E  T  A  T  S  C  T  M  G
Y  R  Y  I  O  N  A  T  I  O  N  A  L  O  E
O  E  Y  W  W  U  C  N  V  M  Z  G  P  N  G
X  Y  W  E  J  D  G  L  I  M  I  T  R  C  D
K  R  F  R  G  E  P  H  L  V  R  C  J  H  E
```

RATE	FOR
LIMIT	VALUE
INDEED	LEAK
PRIVILEGE	IRRITABLY
EAST	REWIND
CALL	STATEMENT
ENOUGH	MODIFY
GOOD	NEIGHBOUR
COMMON	FEATURE
CONCLUSION	NATIONAL

Puzzle 67

```
S B E L T G R N K E F L E I B
N U I X W R E U Y R E U V Y X
Z B R U F O A M E N V N E Q I
M A B F L W C E T W E C R S N
V Z D T A L H R H I N H Y E T
R P T Y N C Y A M Q S U W N E
M E A N O F E T J B D A H S R
N L K I S Y D O B Y N A E E N
E N L X R H P R H H I Q R L A
V E N U E J J X U X K Q E E L
O H I E P I N R U T B C H S P
W E D D I N G V V G R Z S S J
K Q Z F J O Y F U L L Y N Z T
J F U N D A M E N T A L H C C
```

ANYBODY	WEDDING
MEAN	SURFACE
BELT	GROW
FREE	PULL
EVERYWHERE	TURNIP
JOYFULLY	EVEN
SENSELESS	LUNCH
KIND	FUNDAMENTAL
PERSONAL	REACH
NUMERATOR	INTERNAL

Puzzle 68

```
H S Y Z X T S T M X V C S L Y
E L C R I C N S S I N R P V Q
F E E A S L T A H T D A E F E
W H Y M R P A R H C E Z L U W
A M B Z E E K N O O S Y L A D
A W D K D K C O T S O F I C O
D B O Y U G P R X Z P E N I W
O E O I R B M E O F P J G R N
P T G M U T H D A W U M J D S
H A M B U R G E R Z S K L N T
H R S I R P O N B C U F P G A
M G D Z B I R R U B U I L D I
D I I V N G D U Y B R S V H R
E M C A L M M B M G Q T U P S
```

SPELLING
CIRCLE
KEPT
THAT
CRAZY
ANT
CALM
BURNED
RUDE
HAMBURGER

WINE
SCARECROW
BUILD
WHY
DOWNSTAIRS
SUPPOSED
GOODBYE
MIGRATE
STOCK
SOON

Puzzle 69

```
W I E L P U O C Z C D N A H K
K J D L A W E R E N I V Z J T
F O X I R E G N I G S D P S M
F G J W S E P W K V A Q Y B E
R W E L L K T N N P S R O A D
O T Y C E B L O A E T T G G V
N O E N Y O R T O H E H T K J
T O X H L U T E X C R B C F M
M T A I E E I G A N S Z C L L
W H C U R B D O S D A D U J V
N J T N E V E R P S N A I L E
S I S T E R R A R E L Y Q U O
S Q M M A R R I V E L T Q Y V
P X Z H N M W W X Q I E X B W
```

DISASTER   ROAD
SNAIL   FOX
SISTER   WERE
PREVENT   WILL
PATTERN   PARSLEY
EXACT   SCOOTER
ARRIVE   HAND
BREAD   TOOTH
RARELY   FRONT
COUPLE   GINGER

Puzzle 70

```
M E Y R Z L M E L Y F V P E H
D S U D A S T L O Y L D D E U
F O B N W Z K E Y A F A A N N
H G A L L O P C A S A R Z T G
G A R D E N B T L A Y Y O E R
C O N T A C T R M W L W K R Y
R D Y U I K L I R T Z E C H D
V E M A N L D C E E J U D G E
I M I B X Z U C O E L W I N D
R C B G E Y N O I T C E F F A
T R U A N A X Q H H T E D S A
U P S V D W E S T E R N I A M
A S U C C E S S F U L P I T W
L V O C A B U L A R Y O R X P
```

ENTER
VIRTUAL
MAIN
CONTACT
TEETH
LOYAL
AFFECTION
ELECTRIC
JUDGE
NAME

GALLOP
SUCCESSFUL
VOCABULARY
WESTERN
WIND
GARDEN
HUNGRY
DANCE
REIGN
HOUR

Puzzle 71

```
C I C M K L O S F A U T O W T
O X O H F T R J V N N O S I B
N N U Y K L I S Q H C U O T Y
T A O L Y G E T L I M S G O P
I T O B L S M Q S M C L S G L
N T E A E P G A E G A R E V A
U R S B K N B R R Y P D Z F S
E A M O R P S S E R G O R P T
Y C Q R E T T O H V P D H T I
Q T Z P V C C E W N I D P S C
C I O Y E W E A P O N D I J F
K V G F N M O V E M E N T D K
I E F O Q M H M T Z M C Q B Z
E E S O L V E Y O E N C F C K
```

AVERAGE
PROGRESS
EFFECT
WEAPON
HOTTER
PROBABLY
ATTRACTIVE
BISON
GOT
HOE

SOLVE
WHERE
NEVER
BASIC
TOUCH
PLASTIC
SILKY
CONTINUE
SUMMER
MOVEMENT

Puzzle 72

```
R A T H E R V H K X T U S C I
T B H X T S O P E R T V T A N
E U G N U J W L O A F R A R S
L N U Q T C E F F A L O R I T
E J O T I Z F V A V G T T B E
P N R E T E L P M O C V H O A
H X D K S E M I T E M O S U D
O O Z Z B G E N E R O S I T Y
N N E V U Q U A L I F Y T F N
E N J J S G H B R A N C H B N
O W N C A V I T Y I N O J G E
Y R A T E R C E S S T B Y Z K
B O O B W V L G O J J G J Y I
D A A J T O O Y I Y Z G O E K
```

CAVITY
INSTEAD
EFFORT
RATHER
GENEROSITY
SUBSTITUTE
BRANCH
CARIBOU
POST
QUALIFY

TELEPHONE
OWN
HEALTH
SECRETARY
TWO
START
SOMETIMES
COMPLETE
AFFECT
DROUGHT

Puzzle 73

```
O Y D A E R L A D S X Z T M O
W S A Q S B N W X H T S R A Q
D U B H R S W H C A N I P S Y
I R X Z O L O Y H K R O W L X
S P L R H D N R C E E A L F W
P R M T R Y K J T Z R A Y A R
O I Y T I R O J A M U Q M C B
S S D Y K U B K B T E G A L D
A E S W J O L P C S Z N B O W
B D S H E E P A I U Y I T T I
L V E G E T A B L E K L S H N
E Z L E K E C U H B Y E C H F
I Z X T N H B U X N A E C I C
M U L T I P L Y F K X F J D P
```

SPINACH   MULTIPLY
DISPOSABLE   KNOWN
ACTUALLY   OUR
SURPRISED   HORSE
VEGETABLE   WORK
SHAKE   WIN
ASSORTMENT   FEELING
SHEEP   BATCH
ALREADY   CLOTH
ANY   MAJORITY

Puzzle 74

```
I  Z  I  N  Q  V  T  D  K  S  Z  S  E  U  N
N  R  A  E  Y  C  O  P  G  E  B  U  V  J  J
T  X  R  E  T  T  E  L  Y  V  L  O  I  E  A
E  O  T  Q  A  I  D  I  L  E  E  S  T  Y  G
R  I  R  C  A  M  P  Z  Q  R  U  H  A  L  L
N  E  W  G  C  I  T  C  R  A  A  N  G  P  B
A  Q  V  O  A  J  W  E  X  L  B  P  E  P  U
T  S  F  L  F  N  I  H  P  L  O  D  N  A  T
I  V  C  W  I  T  I  A  Y  T  R  U  N  K  T
O  X  Z  M  T  S  V  Z  L  C  C  C  W  K  E
N  J  J  E  P  O  C  S  E  L  E  T  J  H  R
A  G  R  C  O  N  D  I  T  I  O  N  G  K  F
L  P  A  N  I  J  I  W  A  E  H  D  O  L  L
C  O  M  P  A  R  E  P  L  X  D  P  C  W  Y
```

COMPARE	YEAR
DOLPHIN	LETTER
INTERNATIONAL	TELESCOPE
SILVER	CONDITION
LATELY	BUTTERFLY
NEGATIVE	HALL
TRUNK	PRETTIER
ART	ORGANIZE
CAMP	ARCTIC
APPLY	SEVERAL

Puzzle 75

```
B Y Q T N T S G H Z T Y P P L
E A H W B G N P S E N T C O A
T D Z M Y I D G R F A N L L K
W R R D G Q V J M E H T O I E
E E D N F U N T V S A L U T F
E T I O F G F U A P R D D I O
N S A I R R T F K A O Z Y C L
E E D T I A F N B L O X X S L
W Y J N G V D W U L O B G S O
K Z U E I I P E R O L P X E W
X Y S M D T X W C C C O D B O
A Q T A U Y S Y S M A C U L O
N E W S P A P E R M Y B A Y M
H B X Z R O S S T A N D A R D
```

YESTERDAY   GRAVITY
MENTION   SINGING
ACCOUNT   POLITICS
SPREAD   FOLLOW
NEWSPAPER   LAKE
CLOUDY   ADJUST
EXPLORE   BETWEEN
SCRUB   RIGID
THEM   SENT
STANDARD   COLLAPSE

Puzzle 76

```
L A N G U A G E G D Y H Q X S
A D E P C Y H H D I O V A S U
N I L Y P U C C O P F K W D P
O Y H L E T U N I M P T O P P
I T B A B S S E C C U S S U E
T N I O P H M V O V I D G R R
O A P O M D M X R O M U S C E
M L I T N E M T S E V N I H D
E P V I K A S C A R C E P A N
Q M A U R E T R I S C O W S O
C X C Q H K L U Y O H B W E W
B L U E B E L L R B A Y T Q A
Q X D T J R F W X E I E B V Q
Z P G V X S S E L E R A C G K
```

OCCUPY
LANGUAGE
MINUTE
QUIT
AVOID
INVESTMENT
POINT
PURCHASE
SUPPER
BLUEBELL

WONDER
GIFTS
NATURE
SUCCESS
YES
CHAIR
CARELESS
PLANT
EMOTIONAL
SCARCE

Puzzle 77

```
E V I T A N R E T L A J Z C X
V Q V O F K J J S E L T T O B
O M E Q H E O M K C S R Q N G
M S U O M A F B C M O E S C H
E U I N T E N D O A K F D E O
R O C U C X T Z N T R E N I S
F I W H N K H K K F E R E V T
I R M K X D C D K P S I I E F
V U U H N I L N L I L H R E M
Q F N L M D L E I F C I F A D
C V H L R L T T Z N E H G D K
M E L T O X J X X D E R U O P
H E R D B J F E T A M I T S E
R E C R E A T I O N A L Y W B
```

EXTEND
RECREATIONAL
POURED
REMOVE
MUCH
CONCEIVE
GHOST
KNOCK
INTEND
FRIENDS

NINE
BOTTLES
FURIOUS
FIELD
ESTIMATE
ROB
FAMOUS
HERD
ALTERNATIVE
CARRIED

Puzzle 78

```
W G J I P K P T Y N X B S G W
O F K Z P K K S A D O P W E H
R Q I I Y L E T E L P M O C P
K S O B R T C A P M O C B U S
I J Y A R U L I M W Y Z X Z E
N F G K O W M R Z P G A A E P
G C O K L I M S C V S S V C G
I D L T N U O M A P H I F E I
I D O E A E M E Q O T C O I S
M B P F O C K S R C I T L P E
Q F A C T S D I A B W O S Y L
Z H E B S G E L B A P A C W E
I N P U T O V L I J S R W A C
B F J V Z S X Y L W A R D R T
```

COMPLETELY PIECE
WILDCAT WITH
LORRY WAR
MILK ACTIVE
MINE FACT
DRAW SILLY
INPUT AMOUNT
STAIRS CAPABLE
WORKING SELECT
SUBCOMPACT APOLOGY

Puzzle 79

```
P R O P E R T Y C S H V H Q C
V I U Y C B F I R E M A N F U
X L U O E E C G F N Y B M P R
S W Q L Z C A I H W O C M U T
S P I Z Z A T P Y L B S F S A
C U C U M B E R B N W Z E Y I
G L W Y R R E B E S O O G W N
F F I R X R E D N U C Y R I S
Z A A X P H A U T H O R I Z E
O S C G A B S E T A R E L O T
J L J V Q H X I B I H T W O I
Q J I Q H C A W N P L T L T B
M O O S E R W D D U V A V Y P
R M D L O C M E R E P M S E V
```

MERE   EXCEL
PROPERTY   BAG
CURTAINS   COLD
MOOSE   FIREMAN
MATTER   TOO
COWBOY   GOOSEBERRY
BITE   PUNISH
TOLERATE   PIZZA
UNDER   BEHAVIOR
AUTHORIZE   CUCUMBER

Puzzle 80

```
F T H I L E G A L G G J V F R
W Q U O V V R T A D F G N Z V
J A D R F A Q Z R R X W V M E
S O K A K H O C E V M E D I A
N C H E C E V D D H P O W L G
I A G T A G Y G E T A R T S P
N L T P L A Z L F N E F A L U
V I H U B T A I O O B M G B R
E L B R R N L G P M L Z E K S
N I A R T A Q U A R T E R F U
T L V G D V L R H X K K J G E
M S Z J J D G T Q K E W D M B
A U P P O A D O M G U L J H N
D E M O C R A T I C X N W Y E
```

DEMOCRATIC
MONTH
FEDERAL
LILAC
TEAR
LEGAL
MEDIA
AGE
NATURAL
QUARTER

ADVANTAGE
BLACK
WAKE
LAZY
TURKEY
INVENT
HAVE
STRATEGY
PURSUE
TRAIN

Puzzle 81

```
I  C  W  T  Z  D  B  L  X  L  Q  Z  F  X  Y
T  I  L  T  L  A  U  N  A  M  V  R  I  W  C
S  F  J  U  C  O  O  L  R  B  M  J  N  E  P
F  I  O  C  S  E  E  M  R  L  X  M  I  R  R
H  C  O  C  C  U  R  M  R  O  T  S  S  G  X
P  E  L  T  T  O  B  A  I  R  F  X  H  B  F
N  P  L  Z  B  S  N  P  J  E  Q  O  X  E  L
C  S  J  D  F  H  J  K  T  K  Z  Z  Y  Z  I
N  G  I  A  P  M  A  C  T  H  I  R  D  R  B
D  N  O  I  S  S  I  M  D  E  M  Z  A  M  W
S  I  A  U  L  W  V  M  V  J  P  N  F  F  D
O  H  K  O  B  H  V  D  R  G  O  A  I  C  J
V  T  W  E  E  K  E  N  D  I  B  N  X  K  K
F  L  Q  N  N  G  P  O  Y  Y  E  Q  J  L  C
```

BOTTLE	COOL
FINISH	PEN
WEEKEND	OCCUR
COULD	MISSION
MANUAL	SEEM
SPECIFIC	HELD
CUT	THINGS
THIRD	SLOW
FIX	CAMPAIGN
MAP	STORM

Puzzle 82

```
Z  I  V  R  O  A  D  S  K  N  L  M  Q  Y  K
B  D  V  S  D  L  H  N  U  Z  I  V  Y  L  K
X  E  H  Q  I  T  A  L  N  B  R  H  N  O  W
B  N  A  R  E  H  C  A  E  T  M  G  W  O  B
L  T  Z  E  T  P  T  E  W  Y  O  I  D  T  V
Y  I  K  H  Q  R  D  A  O  X  D  H  T  S  D
M  C  B  M  Z  U  K  A  K  U  S  G  J  W  V
O  A  T  Z  T  C  O  A  C  H  I  Y  Z  I  T
V  L  T  I  M  S  N  A  R  T  W  X  K  M  H
E  F  T  U  D  I  S  A  P  P  E  A  R  M  E
Y  L  L  U  F  K  N  A  H  T  H  E  W  I  S
A  T  R  A  D  I  T  I  O  N  A  L  N  N  E
N  E  C  E  S  S  A  R  Y  D  K  R  D  G  M
M  Q  Y  I  F  C  U  P  C  A  K  E  O  K  P
```

COACH	HER
ALTITUDE	TRANSMIT
MOVE	NOW
SWIMMING	TRADITIONAL
THANKFULLY	NECESSARY
THANK	DISAPPEAR
IDENTICAL	HIGH
TEACHER	CUPCAKE
THESE	WISDOM
SUBMIT	STOOL

Puzzle 83

```
K  S  U  O  I  R  U  C  D  R  R  E  T  R  T
B  N  K  Z  O  A  H  K  L  E  G  R  A  H  C
W  D  H  T  E  O  C  V  A  D  A  C  D  Y  B
T  B  C  Z  S  Y  U  X  T  R  O  E  E  Q  E
O  A  S  T  A  Y  R  E  V  E  Z  N  F  X  A
F  B  O  Z  M  H  V  E  V  Y  W  T  E  W  U
I  V  E  V  P  S  E  C  I  U  J  I  N  T  T
D  C  O  P  E  R  A  T  E  Y  W  P  S  U  I
E  X  E  W  V  I  S  I  B  L  E  E  E  L  F
R  H  I  N  O  J  Q  E  P  L  V  D  T  Z  U
B  A  L  L  O  O  N  S  A  E  K  E  Z  U  L
K  B  M  J  I  D  U  A  I  M  Z  C  E  C  Y
W  E  I  D  Q  S  R  W  N  S  K  B  A  P  E
J  H  I  B  Y  L  X  B  U  U  C  J  U  V  B
```

BEAUTIFUL	CURIOUS
CURVE	ICE
STAY	BALLOONS
FACTOR	SMELL
RHINO	RED
PAIN	SHY
EVERY	OPERATE
JUICE	DEFENSE
CHARGE	VISIBLE
CENTIPEDE	HOST

Puzzle 84

```
U  L  L  A  M  S  M  H  E  A  V  Y  O  K  A
Z  E  C  P  Z  Q  E  K  R  K  F  J  N  R  L
P  A  P  O  J  N  A  U  I  K  V  I  B  C  R
E  D  E  M  E  G  S  F  S  Y  H  N  U  R  I
R  P  A  E  C  X  U  I  E  T  M  W  S  E  G
S  Q  C  E  H  F  R  I  D  P  X  O  L  W  H
O  Y  E  T  P  H  E  A  T  M  E  R  P  O  T
N  C  F  I  M  R  E  F  L  E  D  C  J  L  Y
H  G  V  N  A  G  A  R  P  Z  X  F  H  F  N
Z  C  E  G  A  T  O  G  E  T  H  E  R  I  W
L  F  P  T  T  G  R  U  Q  R  M  B  A  L  S
X  W  S  L  E  C  S  I  A  Y  N  W  L  U  H
A  I  C  O  X  Y  L  K  C  I  U  Q  B  A  D
C  I  U  G  O  A  L  T  F  H  O  Q  S  C  N
```

QUICKLY	EMPTY
CAULIFLOWER	THINK
ALRIGHT	MEASURE
PERSON	SMALL
RICH	CROWN
MEETING	LEAD
DESIRE	PEACE
TOGETHER	RUN
BUS	STAGE
GOAL	HEAVY

Puzzle 85

```
K Q S S E R P E D R Q Y A T Y
X N I H T E C C F L Y E E R S
Y D T O A F O N K Y B D R E T
D R U R T E F I X Q T A U S R
D P A I S R F V E K C I P E A
E N T S D H E N R O I A V D N
T G I I R E E O P O D V Q E G
E P O I B E E C R B A G C O E
C W N K O V V T P M W V H M C
T V G T F I W I D H I C U M Z
I I B T B L K S N I A T R U C
P K Q E H A T V X N M C Q W H
H E L P F U L L Y U A W I N J
S E T T L E D W C F A K S E I
```

DESERT   HELPFULLY
DEPRESS   DETECT
BOOK   SITUATION
THIN   ANNIVERSARY
SETTLED   LIVE
STRANGE   PIG
COFFEE   STATE
PICK   CURTAIN
CONVINCE   REFER
FLY   CARRY

Puzzle 86

```
L  T  X  M  N  Z  F  N  C  N  D  T  Q  C  V
M  A  G  N  I  F  I  C  E  N  T  A  E  O  X
X  C  M  E  N  O  Y  R  E  V  E  X  V  N  P
W  E  D  G  S  J  E  A  T  F  S  A  A  F  V
X  L  B  Q  E  D  T  V  O  Z  N  L  S  L  U
B  O  Y  E  I  P  A  V  Y  U  U  E  T  I  A
N  P  Y  S  R  T  C  F  O  S  S  R  Q  C  W
J  O  N  U  E  Y  I  W  C  L  M  T  J  T  V
E  O  J  A  T  E  D  C  R  Q  T  A  L  M  X
C  E  F  C  S  G  N  I  N  I  A  R  T  U  S
L  A  O  E  Y  O  I  U  F  B  E  J  Z  S  T
J  A  N  B  M  T  D  O  R  H  Y  M  E  I  W
H  Y  M  E  E  J  R  G  K  G  T  G  R  C  R
I  X  X  P  I  P  H  E  A  L  T  H  Y  I  O
```

SUNSET	LAMP
RELAX	RHYME
COYOTE	INDICATE
MAGNIFICENT	EVERYONE
VAST	TAX
MYSTERIES	POLECAT
CONSIDER	MUSIC
TRAINING	BECAUSE
HEALTHY	CONFLICT
DEW	PROFIT

Puzzle 87

```
I D Z H E C U D O R P U Q W S
P B B M I M P O R T M Y S M H
A T T A C K O D T H Y F L I O
W L F J G H S C K F U W E D W
W T T P O O R J L B J K Y D E
H O H C O N F E R E N C E L R
I W E T R L S F B T W Z N E T
C E I W E S I N C L U D I N G
H L R M E S S U V R I L P B G
X Y Y R P A T N X M K U G E H
D W P F I R E F L Y J O S U P
M M P F R E Q U E N T H Z K D
I G A B L O O H C S L S R Q K
V A H S U N D I A L Q J C O P
```

PRODUCE
INCLUDING
ATTACK
TEST
SUNDIAL
HAPPY
IMPRESS
MIDDLE
CONFERENCE
THEIR

FREQUENT
POOR
FIREFLY
IMPORT
WHICH
WELCOME
SHOWER
SHOULD
TOWEL
SCHOOLBAG

Puzzle 88

```
U H U A E L P M A X E F Z F A
M J O I R Q A F O O T B A L L
N N L B E T N D F Q D E S U I
T O E H E S I O Y R Z J K A W
Y I M M B A Z C I B Y M T E Q
E T D H J F R V L I I I O N V
S A U S A G E S N E D R P T M
E V K K N Z M Y V H S E D N S
I I U W P F R D N X C H I R J
C T S A F K A E R B A T G L U
E O J M B I F Z L V T I T M R
P M G R E T E M O M R E H T Y
S Q O O M O Z M B D F N U S Q
X J H F S E E V Q S H E E T S
```

FORM
BEER
BREAKFAST
FARMER
FOOTBALL
THERMOMETER
SAUSAGES
SHEET
ARTICLES
DRIVE

EXAMPLE
NEITHER
SUN
TOP
SPECIES
LADYBIRD
FAST
MOTIVATION
USED
JURY

Puzzle 89

```
R G L A S S E C A P S Z S G U
R O H Y N D D I K A F B W N J
N D T X E H Q M G K Z V L Q X
R E M O T S U C N H C A T T A
W W V J T U X V O U T Q R I S
S O C Z I R H V L P H Y D V N
Z H N N M B I S A C G E V E O
S S S O U F L R E V I R D I W
W O N B L J Y I J D F J K N M
S D U L P S E A S O N K F C A
B J O T Z H X H F S F C R B N
B L X K H C R A Y O N S F M F
P R O B L E M L Q U M W E D U
Z Y S K Y Q N W W I P P U E G
```

GLASS	KID
SNOWMAN	SEASON
DRIVER	ALONG
PROBLEM	FIGHT
EIGHTY	MITTENS
ATTACH	CRAYONS
CUSTOMER	WET
DOG	SOUTH
PLUM	SHOWED
BRUSH	SPACE

Puzzle 90

```
Z  F  L  E  O  P  A  R  D  J  A  W  P  W  T
W  O  K  Y  G  Y  P  E  O  H  E  H  A  G  R
J  R  E  N  E  P  R  A  H  S  A  E  R  R  A
D  G  N  I  R  B  C  L  T  L  L  A  K  A  N
V  O  C  G  E  L  G  N  A  I  R  T  C  N  S
D  T  T  R  A  M  O  T  B  U  L  C  P  D  P
F  A  B  D  T  E  C  H  N  I  Q  U  E  F  A
Q  S  N  X  C  M  L  P  P  G  Z  P  T  A  R
P  T  C  G  E  M  T  U  N  Z  X  C  S  T  E
T  V  Z  E  E  I  I  Q  Q  I  O  Y  F  H  N
N  Q  T  Y  N  R  P  O  L  I  C  E  W  E  T
F  A  D  A  W  E  O  M  O  Q  F  R  O  R  T
K  O  L  W  E  N  V  U  R  V  E  D  J  T  U
B  W  S  A  M  Z  O  N  S  O  G  C  Z  N  D
```

BATH	TRAM
STEP	DANGEROUS
LEOPARD	ALL
SCENE	SHARPENER
TECHNIQUE	GRANDFATHER
BODY	CLUB
TRIANGLE	WHEAT
FORGOT	TRANSPARENT
POLICE	AWAY
BRING	NUTMEG

Puzzle 91

```
O P A M J H U T L D Y Y B E O
D E I T P M E O A O U H J A Y
E V Q H S I I U T A V J W R B
M A Y X G H X G N R O I D T S
O G U O A G U H E O L O N H H
N C N A C D B T M E A Y Y G O
S H O P E J P N T U U H Y U R
T B F O R O P U A Q N H J X E
R W R B C M L A E F D E L S E
A G H I C E C T R S R P U I Y
T F L V X A Y E T T Y L N O X
E E A R G U E R P O V E R T Y
H N P Q J S I M L O D G F F R
R E A C T I O N T E N D J B R
```

REACTION   SHORE
EARTH   TREATMENT
ONLY   TAUNT
TEND   ELSE
TERM   LAUNDRY
GAVE   EMPTIED
ARGUE   POVERTY
PART   TOUGH
HELICOPTER   DEMONSTRATE
LOVING   HOPE

Puzzle 92

```
E  P  M  F  Y  L  Q  T  H  X  D  W  I  N  Z
K  A  L  O  V  E  L  Y  C  H  A  O  L  Y  F
A  T  R  D  O  O  F  B  L  Z  O  D  C  R  O
T  H  D  N  R  O  T  N  O  I  S  I  C  E  D
S  R  G  A  U  A  R  W  T  N  K  T  E  F  U
I  O  B  B  B  C  O  N  U  N  W  E  R  F  O
M  W  P  S  B  J  U  L  V  B  V  I  D  U  L
X  D  N  U  E  K  S  I  D  Z  H  N  N  S  A
M  E  R  H  R  U  E  B  J  B  P  S  A  Q  D
M  O  D  N  A  R  R  R  E  I  D  L  O  S  A
O  A  F  Y  F  X  S  A  A  R  L  I  K  J  E
C  U  R  R  A  N  T  R  S  T  A  R  E  H  A
T  U  R  D  P  S  T  Y  F  G  R  K  H  E  S
A  P  P  E  A  R  A  N  C  E  X  E  B  L  J
```

SOLDIER	LOVELY
FOOD	THROW
DECISION	MEN
RANDOM	ALOUD
LIBRARY	STARE
SUFFER	APPEARANCE
LIKED	HUSBAND
TROUSERS	MISTAKE
EARN	CURRANT
AND	RUBBER

Puzzle 93

```
C O U N T E X L C P P D R F L
Y E I W X V V P E A H A I U P
D M P A H P T L R E N U V P E
F O H D Q K F N J H N G E Y R
X F G F H Z A L Q C I H R D F
B X N Y T F L A A F A T H Z O
L N O I T I B M A G M E A L R
N U S O M E W H E R E R I R M
R A C E D S K L T Z R Z L W A
C O M F O R T A B L E R N Y N
E A T I N G M I L I T A R Y C
M U L T I P L I C A T I O N E
K M X A N I M A L S R Z B N D
M Y D N W S M E F J H F Z Z S
```

EATING
REMAIN
COMFORTABLE
MILITARY
DAUGHTER
SOMEWHERE
RACE
COUNT
CAN
AMBITION

YOUR
PERFORMANCE
HAIL
MULTIPLICATION
CHEAP
DAWN
SONG
RIVER
ANIMALS
FLAG

Puzzle 94

```
Y  N  D  W  O  H  S  U  O  I  T  U  A  C  P
R  H  T  O  B  O  B  R  O  K  E  N  E  R  A
J  T  Z  O  P  E  A  R  E  Y  E  P  E  M  I
S  T  N  D  D  E  S  C  E  N  D  C  D  L  N
M  C  O  R  F  E  Y  U  R  M  I  P  I  B  F
U  K  I  D  L  C  N  D  W  O  C  A  S  U  U
I  R  T  E  C  I  R  P  U  O  W  R  N  L  L
W  L  A  N  T  H  S  Z  R  C  S  I  W  L
K  E  M  T  P  C  G  V  M  S  P  N  L  A  Y
X  U  R  T  Z  A  E  X  E  S  H  I  X  S  S
N  C  O  E  Q  R  F  X  X  A  J  P  P  M  E
Q  I  F  K  E  P  M  P  I  L  H  E  L  L  O
O  P  N  L  N  O  R  W  C  C  D  Z  H  V  L
M  D  I  Z  S  P  M  Z  B  I  T  F  E  H  R
```

INFORMATION	PRICE
HELLO	PARSNIP
PRACTICE	ROW
BOTH	WOOD
PRECIOUS	BROKEN
CLASSROOM	SHOW
PEAR	CAUTIOUS
INSIDE	SCIENCE
BIT	DESCEND
PAINFULLY	KETTLE

Puzzle 95

```
Q Q H S H O T Z M Z D Z B G E
D K A Z Z A N R M A E R C S D
C C G Z R P Z S A L M Y G L F
S I O E N Y Q N E Y S G N S
A T T I T U D E A F U W O S U
Q S U A R F J G G T X S O W C
V U Z N M Y W S E Z I R C S O
C L I M B O Q X R R C V B F R
A F F O R D T O P A X G X C C
G N B G U Y T U S K A T I N G
C L E V E R V N A E Z G T U Q
C M M S B R U T S I D U H L Z
N G C J Y O O R D I N A R Y U
K G U C J W R E S E A R C H V
```

ATTITUDE	AGO
ACROSS	FUN
WORRY	CROCUS
SKATING	LEFT
RESEARCH	CLIMB
MANAGER	CLEVER
AUTOMATIC	AFFORD
DISTURB	SHOT
PRISON	ORDINARY
SCREAM	STICK

Puzzle 96

```
Z Z T A R M C H A I R N B O C
N E T H H E J T R F C U E L O
P R I H E L G A E A Y A S U M
Q M P X R A L I M I S S I D P
X A P I Q R K F E E T Q D I L
S O J B D E S K I T D T E P I
O W F V B D E O H F N R S Q M
L A E T S N D R K E E Q V Y E
N S R J M I X Y D Q M K E U N
L T A B O A A I U C O W G P T
E E L O W M S I M P W V L B A
Q R C I Y E R G A M U B Z M R
O G E C R R W A L K I N G A Y
T L D P R A S P B E R R Y D U
```

BESIDES
WOMEN
PRESIDENT
DECLARE
COMPLIMENTARY
WALKING
RASPBERRY
MAD
MAY
NET

REMAINDER
SKI
THE
WASTE
DISSIMILAR
STEAL
ARMCHAIR
FEET
EAGLE
DESK

Puzzle 97

```
J  C  J  A  X  H  B  W  K  F  U  M  H  F  R
E  N  R  F  H  O  M  D  E  R  Q  Y  Y  M  C
R  J  T  J  Q  B  A  L  D  B  N  Q  B  P  A
K  A  U  I  I  B  V  K  X  F  B  D  I  A  M
E  G  O  S  L  Y  U  G  H  X  C  I  V  M  E
D  A  H  S  U  S  T  A  I  N  R  U  T  K  R
C  L  S  E  F  M  R  N  T  F  J  C  D  L  A
B  I  G  U  E  S  E  U  S  E  A  L  I  A  N
L  U  C  G  S  E  Z  S  E  H  T  I  U  C  T
K  W  T  W  U  U  D  J  S  C  V  P  L  I  T
S  H  O  R  T  R  E  T  R  A  M  S  F  T  E
F  N  Y  D  E  C  E  I  V  E  G  E  U  I  P
E  Y  W  Q  I  Q  R  W  S  X  P  E  Z  R  V
R  C  H  T  V  O  C  B  O  H  H  I  L  C  Y
```

CRITICAL	SHOUT
GUESS	SHORT
MESSAGE	HAD
FLUID	CLIPS
CAMERA	USE
DECEIVE	USEFUL
HOBBY	WON
NAIL	JERKED
BUT	SMARTER
TURN	SUSTAIN

Puzzle 98

```
C P M X V U V A K P S Q G B F
A R F U R T H E R E P P O C R
R O R S N I H S G R M S B P A
P N A O C S V V D S Z Y B E C
E U I G N I Y E O O U B E L T
T N N J V V I R I N E T X Y U
H C Y H N R Z J L A C I M N R
A I F W R U A B H L M B A X E
L A D U V Y K N R L E U D K B
L T H Q Y W T Q D Y N A E C O
W I E Y N A P M O C C A R M A
A O O E M P F N C O M E S F C
Y N F M W Y D A Y W U B L O N
G J J Z T A J R G S Z B E I A
```

MADE
RAINY
COMES
ACCOMPANY
COPPER
VISIT
BEYOND
FRACTURE
PRONUNCIATION
FURTHER

PERSONALLY
CARPET
MIX
OIL
HURRIED
SEA
OCEAN
TEN
HALLWAY
LYNX

Puzzle 99

```
C O L L E C T I O N R E D O M
S B I L G E R U T U F Z H P U
T D A E R S X X T C N I T X E
E N T J E M O C O L S S O Z P
E F K U M P W V E F K M N V T
L W C E E Z C C D P W S I G I
S V O Q J A Y A Z T T G S F P
P T C E D Q T N E X I S T T R
Y T U A V P C D T N H L P Z F
S G G M Y Y E Y C O N F U S E
M U R G L S L E H C O H O G X
A H S E R F L F D Z P P K Y B
P O H L Y T E L E V I S I O N
A N A L Y S I S R I Q S A W J
```

TELEVISION	EMERGE
COCKTAIL	MODERN
CONFUSE	COME
COLLECTION	EXCEPT
FUTURE	FRESH
EXTINCT	STEEL
READ	CANDY
EXIST	SIZE
CELL	ANALYSIS
GREY	DEEP

Puzzle 100

```
I  N  A  M  O  W  L  U  Y  F  A  M  W  I  C
T  Y  B  D  I  P  L  O  M  A  A  T  H  N  R
A  X  B  P  R  H  O  Q  A  E  D  J  E  D  Y
P  I  R  R  E  S  C  T  R  X  E  D  T  E  C
V  P  E  E  W  R  P  C  H  G  G  W  H  P  O
B  P  V  Q  X  P  M  E  S  E  N  F  E  E  M
L  L  I  K  S  L  L  I  P  D  I  F  R  N  P
X  P  A  T  Z  X  K  Z  T  I  K  R  L  D  L
D  S  T  E  K  C  O  P  C  S  O  S  S  E  I
S  C  I  D  G  C  D  Y  U  T  O  T  Q  N  C
S  U  O  I  X  N  A  D  D  U  L  O  D  T  A
M  E  N  I  B  A  C  H  O  O  K  O  K  M  T
E  V  A  L  U  A  T  E  R  A  K  D  F  U  E
T  X  C  E  G  G  L  U  P  M  D  E  F  K  D
```

WOMAN	PILL
PRODUCT	EGG
ANXIOUS	OUTSIDE
PERMIT	EVALUATE
LOOKING	CABIN
POCKET	INDEPENDENT
WHETHER	COMPLICATED
ABBREVIATION	SKILL
DIPLOMA	THEIRS
CREAM	STOOD

Puzzle 1

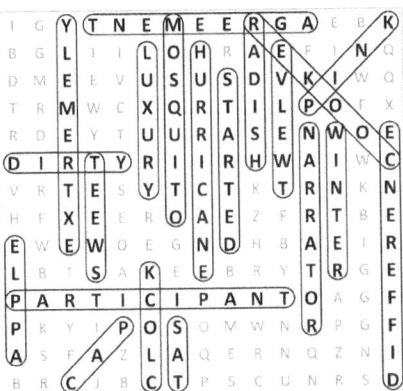

Puzzle 2

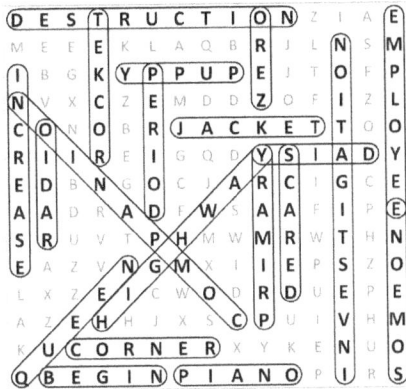

Puzzle 3

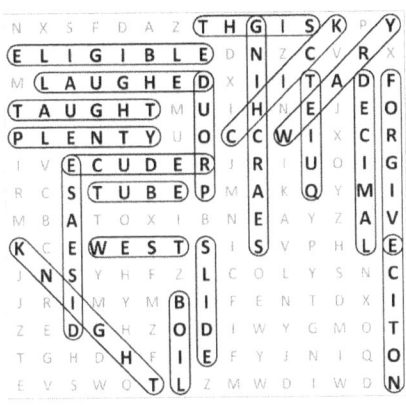

Puzzle 4

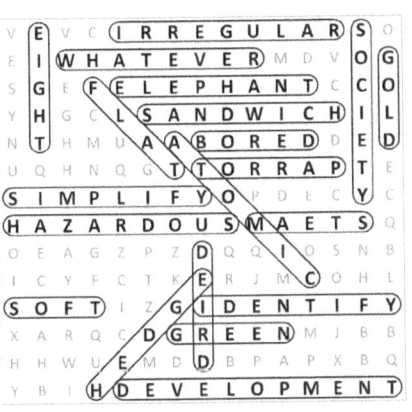

Puzzle 5

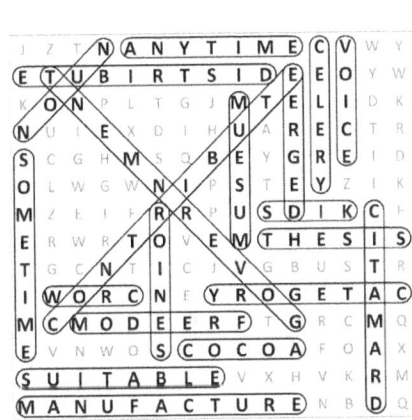

Puzzle 6

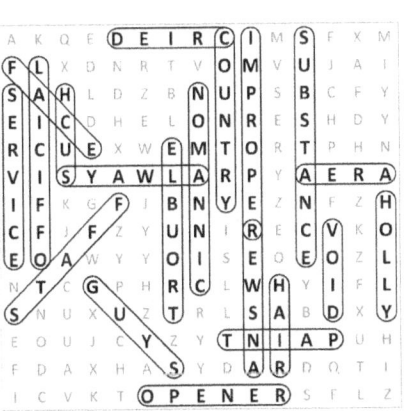

Puzzle 7

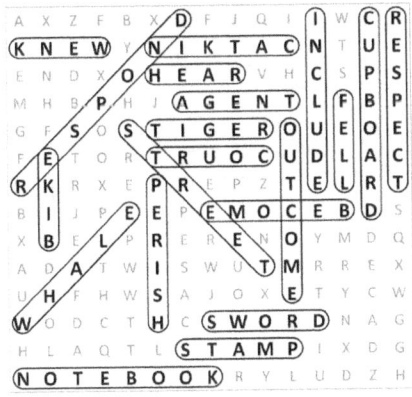

Puzzle 8

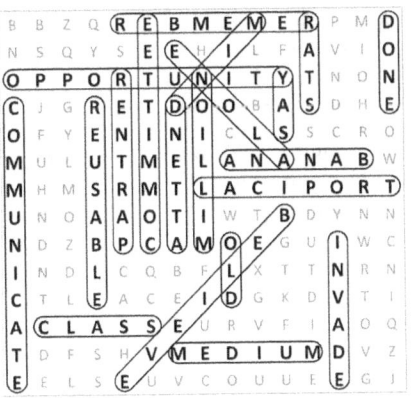

Puzzle 9

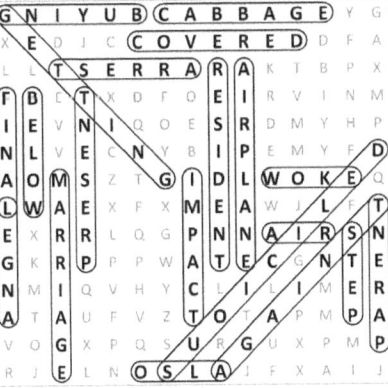

Puzzle 10

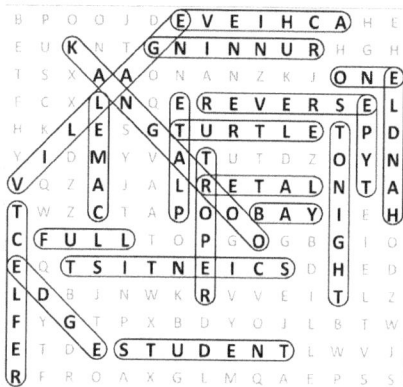

Puzzle 11

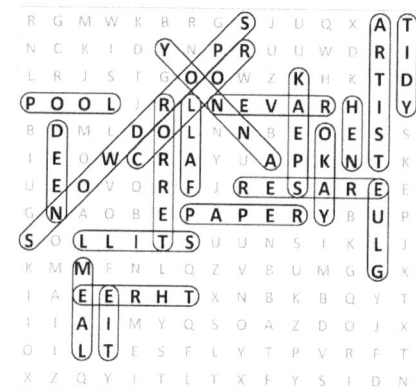

Puzzle 12

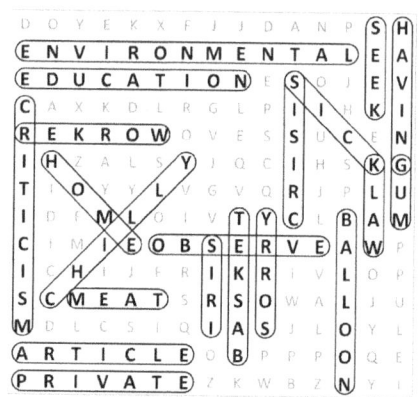

Puzzle 13

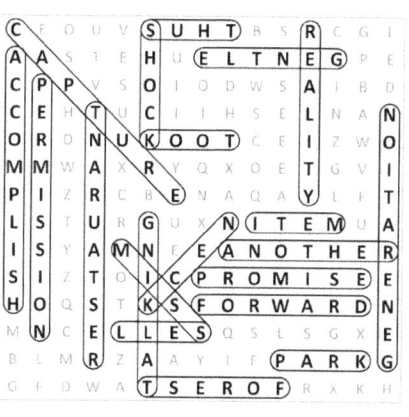

Puzzle 14

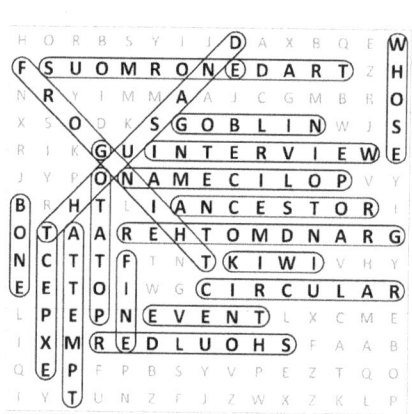

Puzzle 15

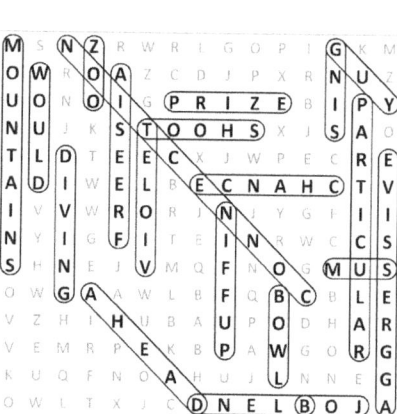

Puzzle 16

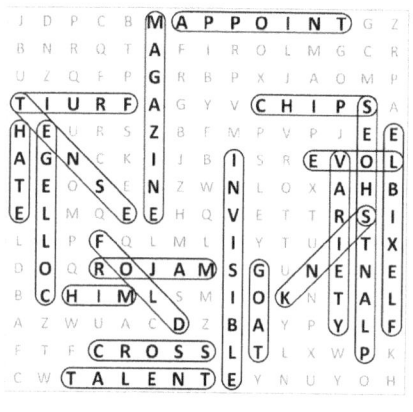

Puzzle 17

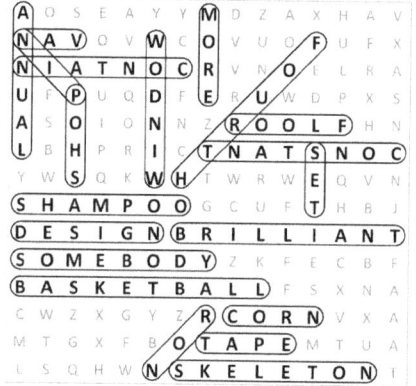

Puzzle 18

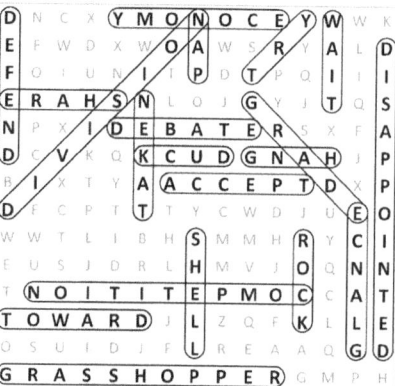

Puzzle 19

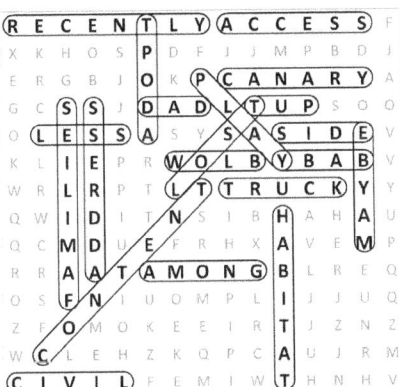

Puzzle 20

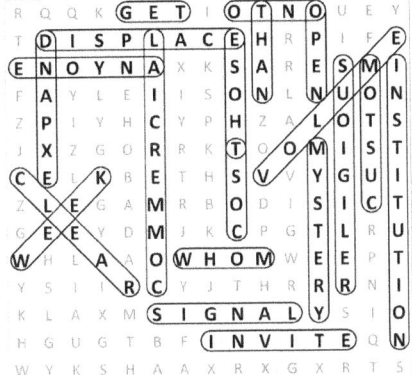

Puzzle 21

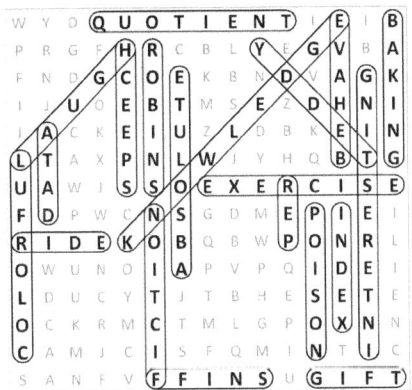

Puzzle 22

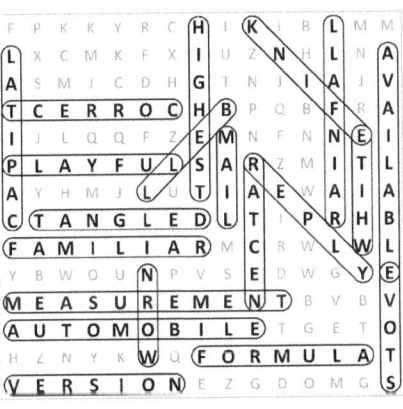

Puzzle 23

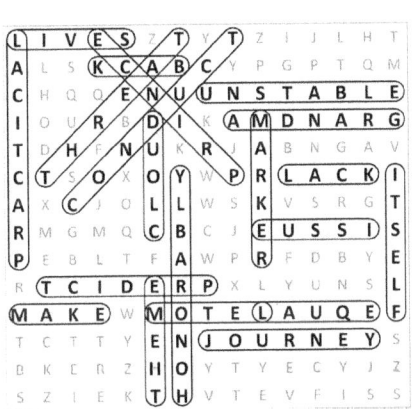

Puzzle 24

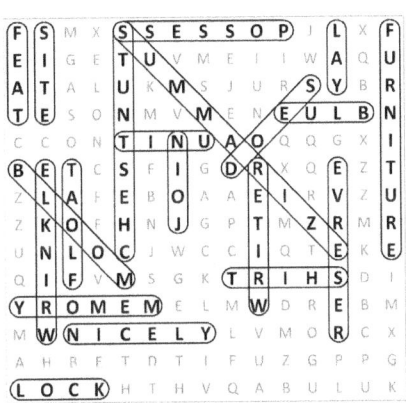

Puzzle 25

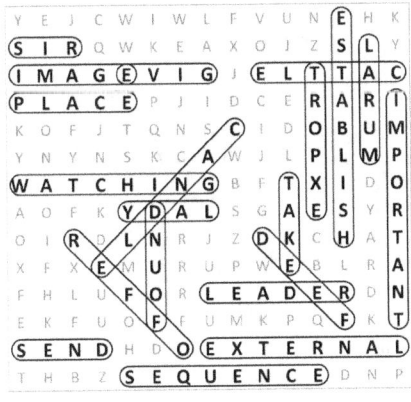

Puzzle 26

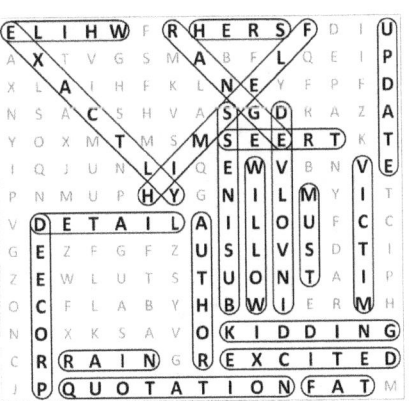

Puzzle 27

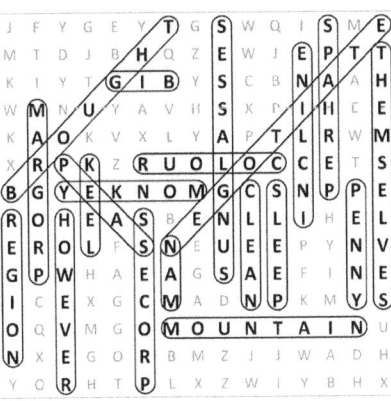

Puzzle 28

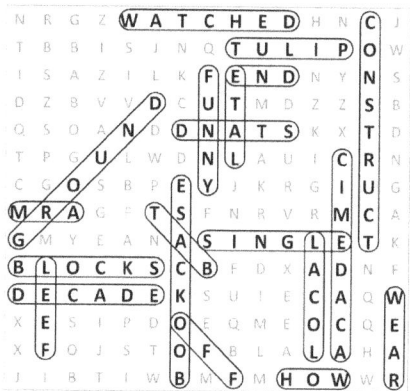

Puzzle 29

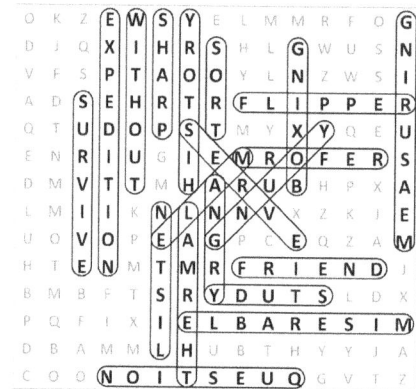

Puzzle 30

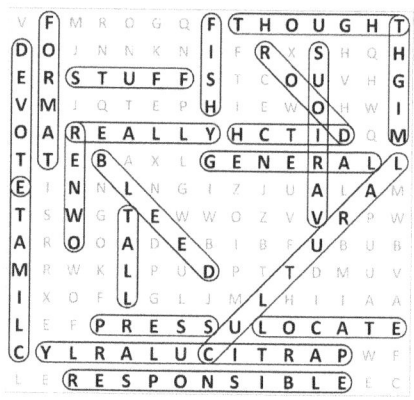

Puzzle 31

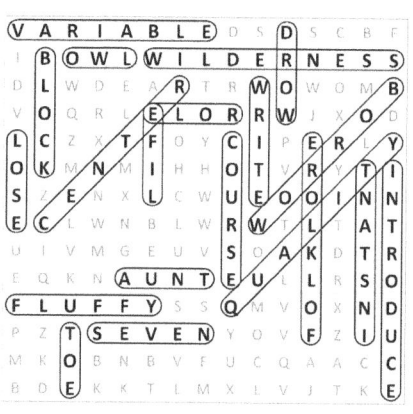

Puzzle 32

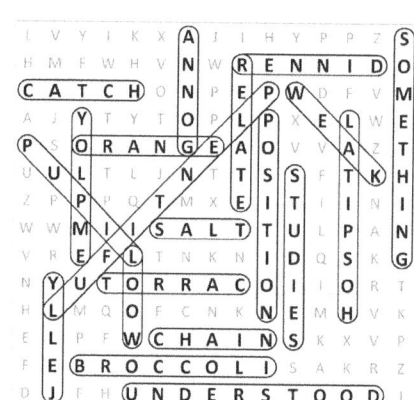

Puzzle 33

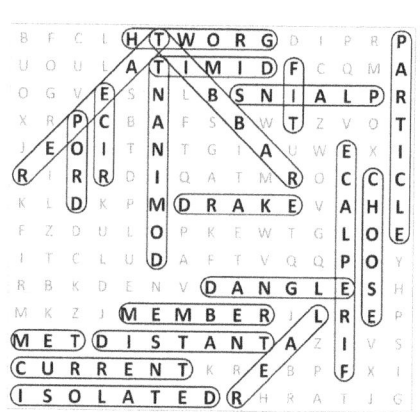

Puzzle 34

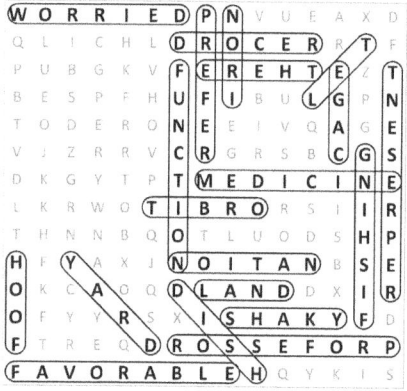

Puzzle 35

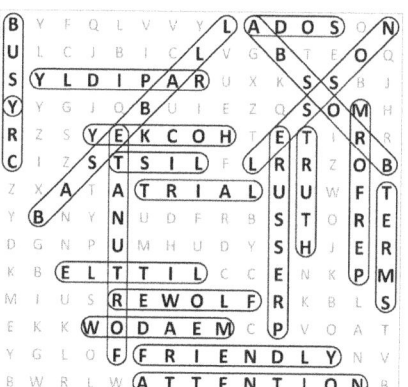

Puzzle 36

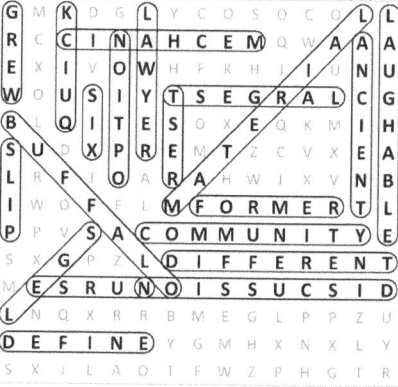

Puzzle 37

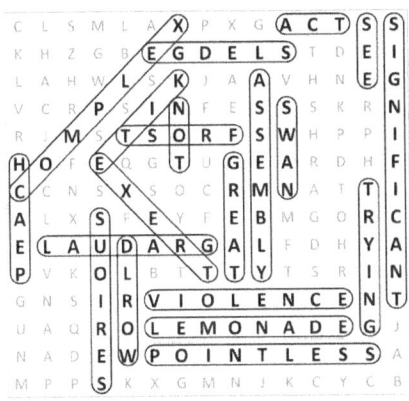

Puzzle 38

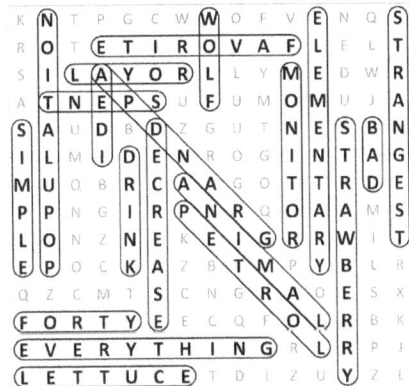

Puzzle 39

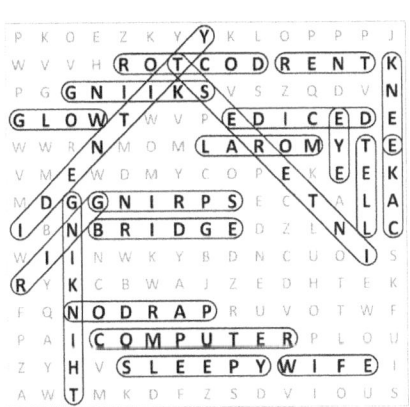

Puzzle 40

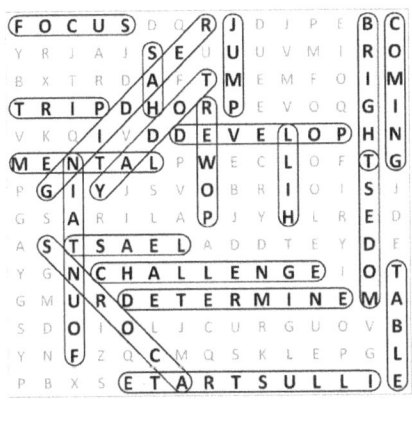

Puzzle 41

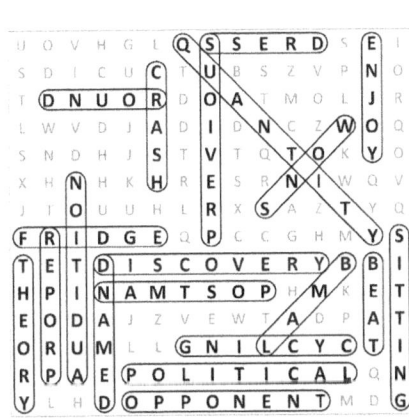

Puzzle 42

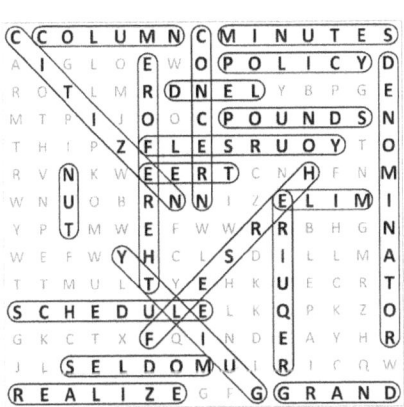

Puzzle 43

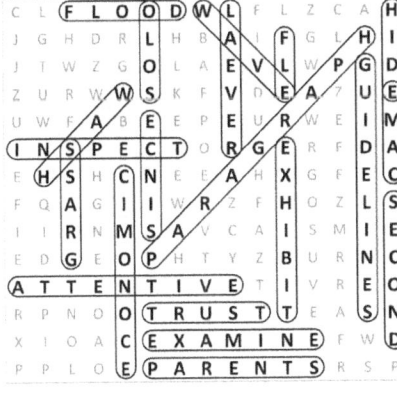

Puzzle 44

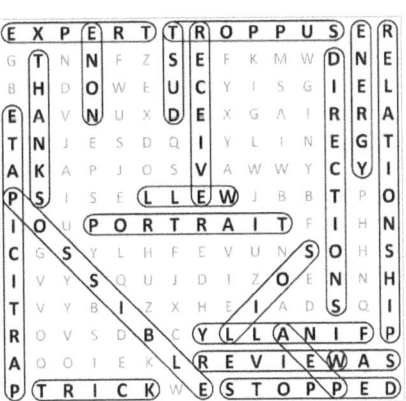

Puzzle 45

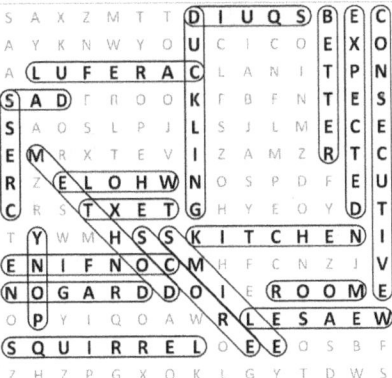

Puzzle 46

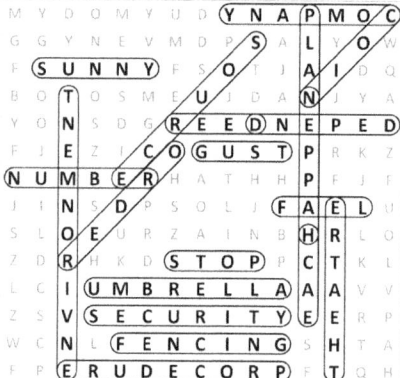

Puzzle 47

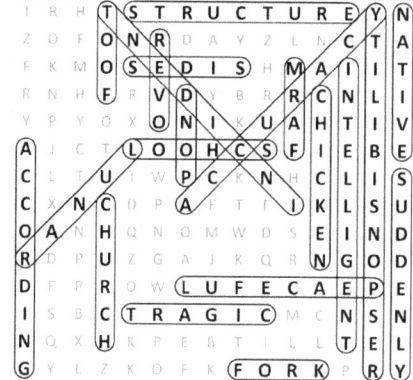

Puzzle 48

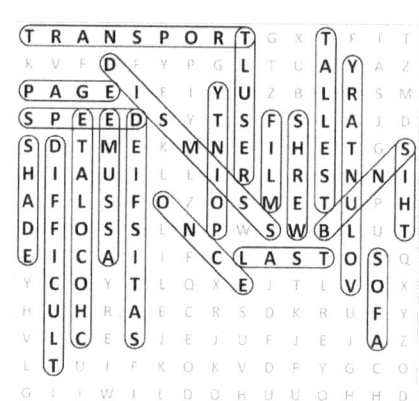

Puzzle 49

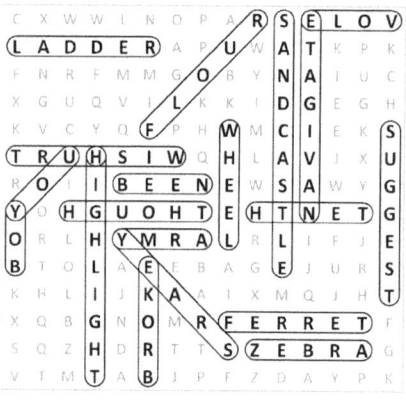

Puzzle 50

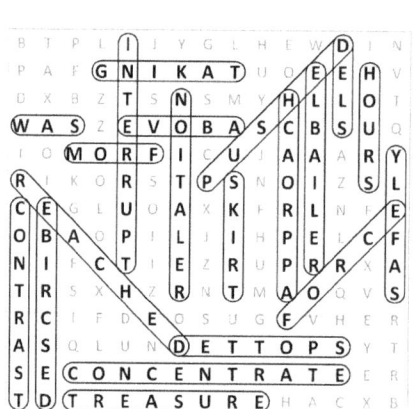

Puzzle 51

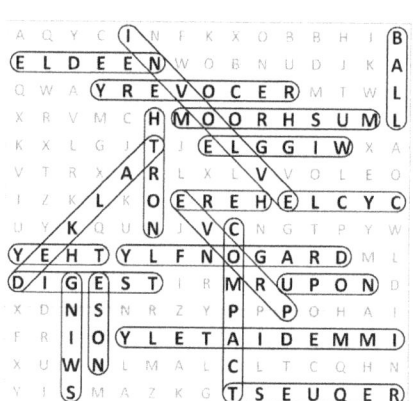

Puzzle 52

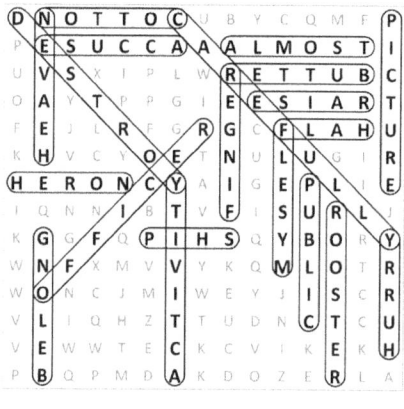

Puzzle 53

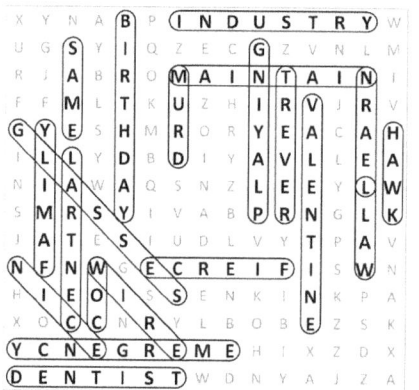

Puzzle 54

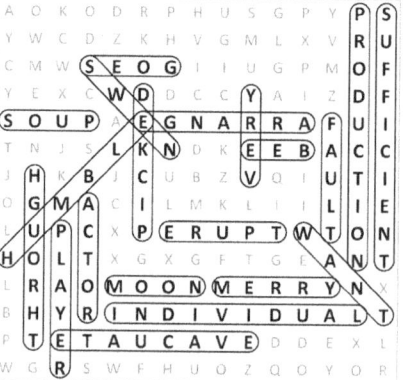

Puzzle 55

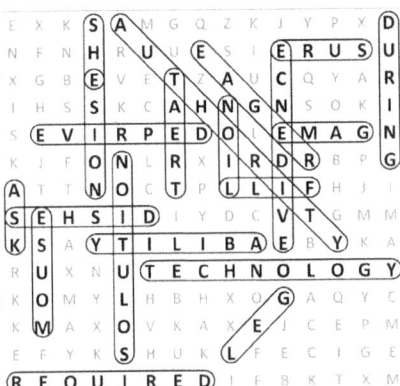

Puzzle 56

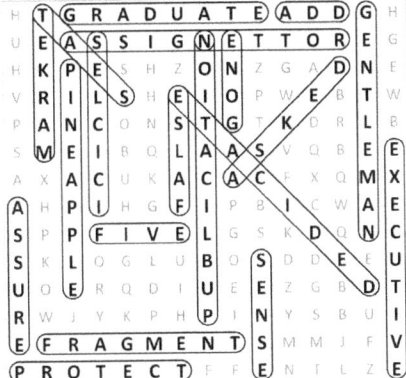

Puzzle 57

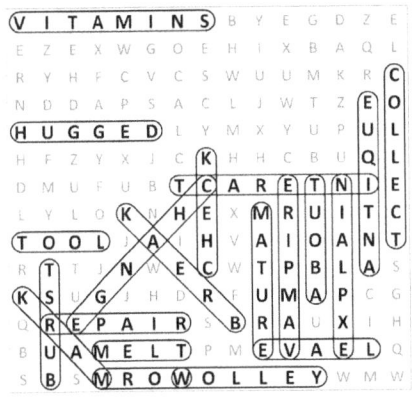

Puzzle 58

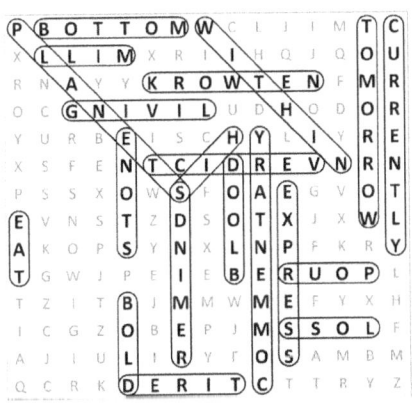

Puzzle 59

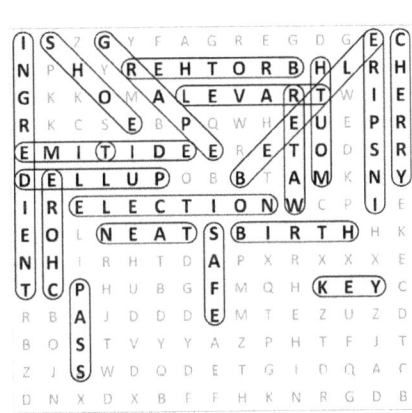

Puzzle 60

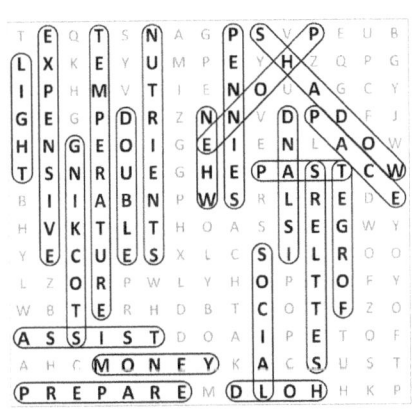

Puzzle 61

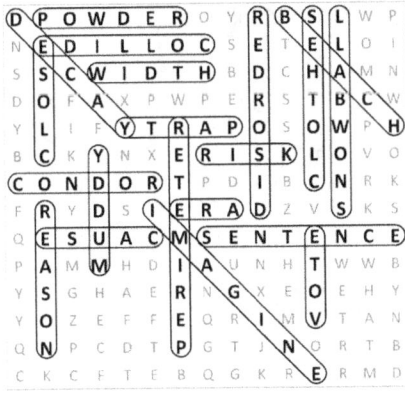

Puzzle 62

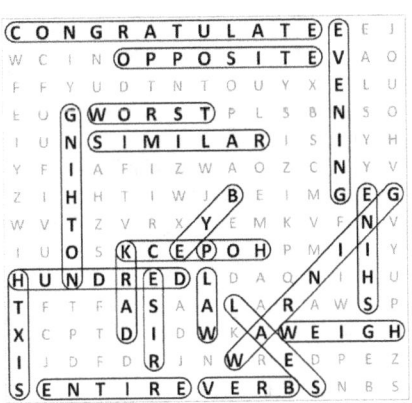

Puzzle 63

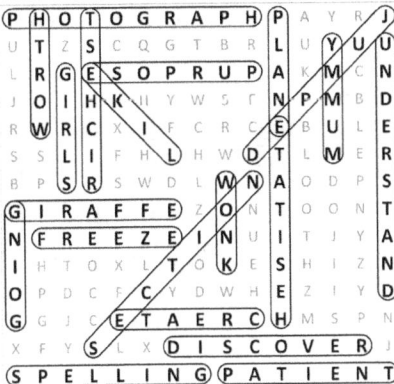

Puzzle 64

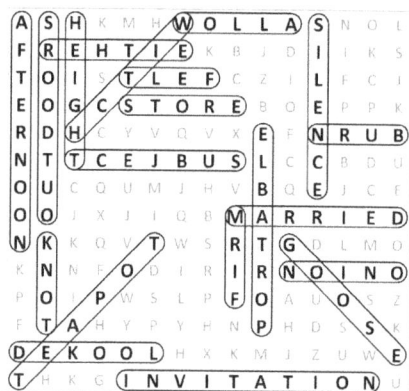

Puzzle 65

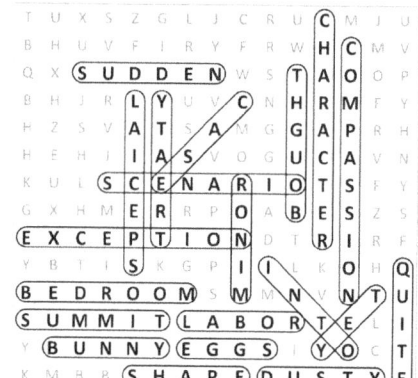

Puzzle 66

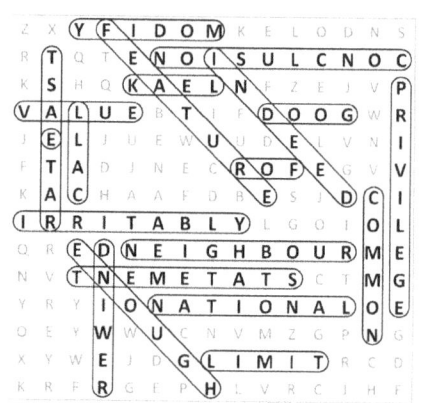

Puzzle 67

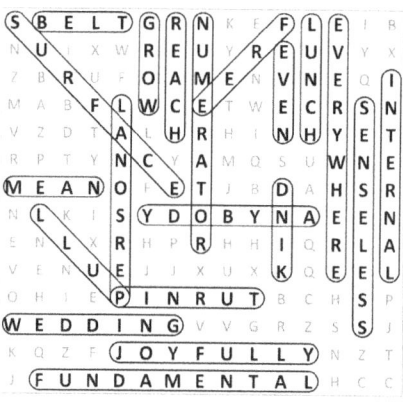

Puzzle 68

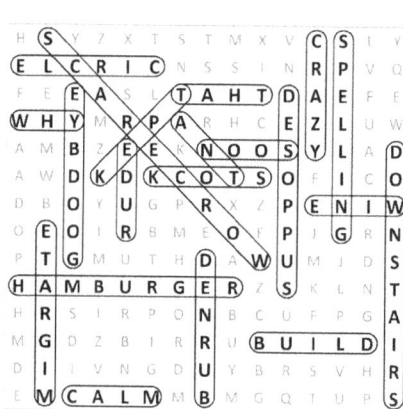

Puzzle 69

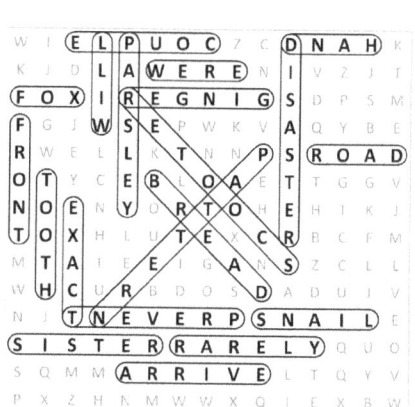

Puzzle 70

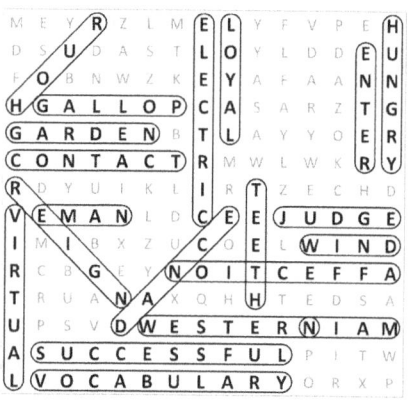

Puzzle 71

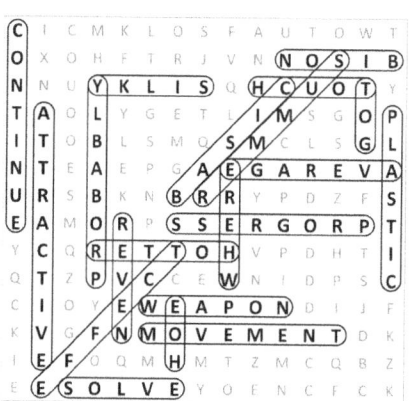

Puzzle 72

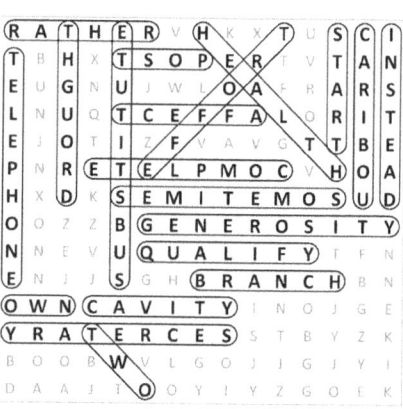

Puzzle 73

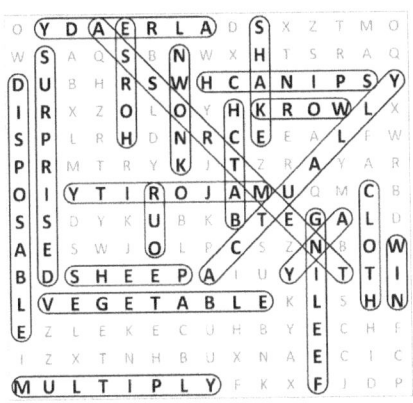

Puzzle 74

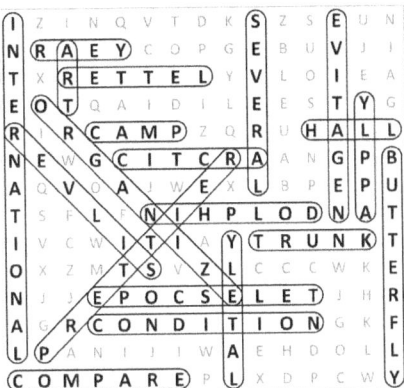

Puzzle 75

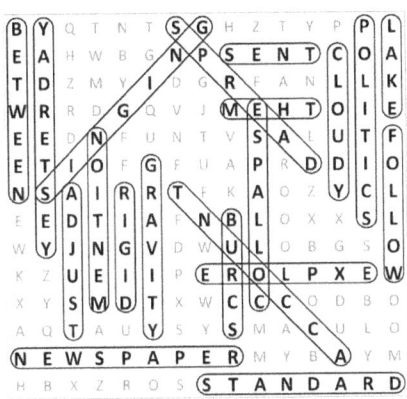

Puzzle 76

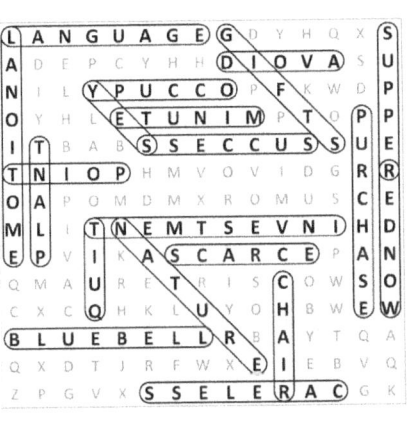

Puzzle 77

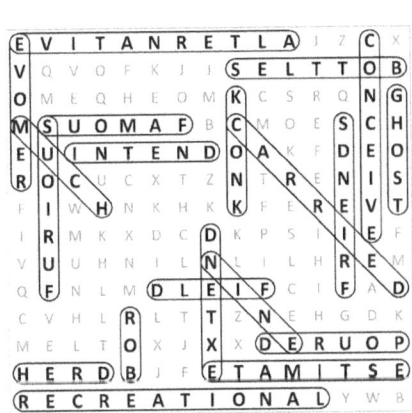

Puzzle 78

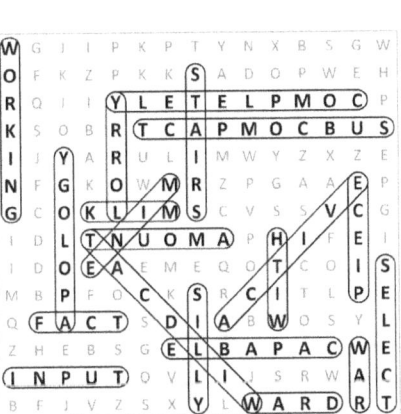

Puzzle 79

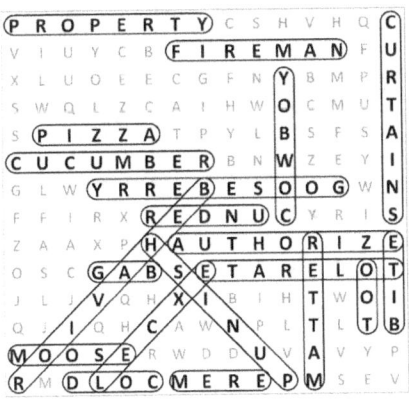

Puzzle 80

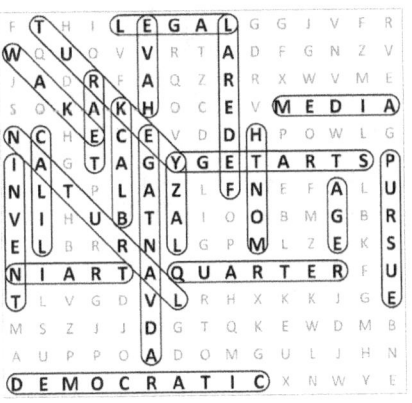

Puzzle 81

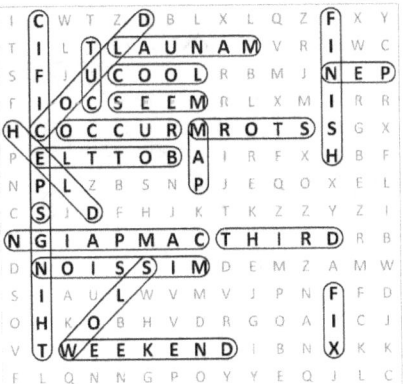

Puzzle 82

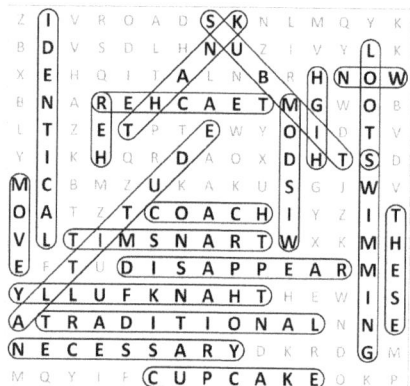

Puzzle 83

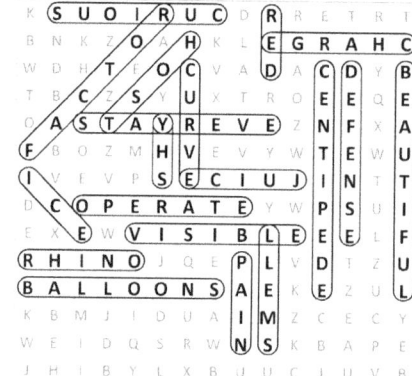

Puzzle 84

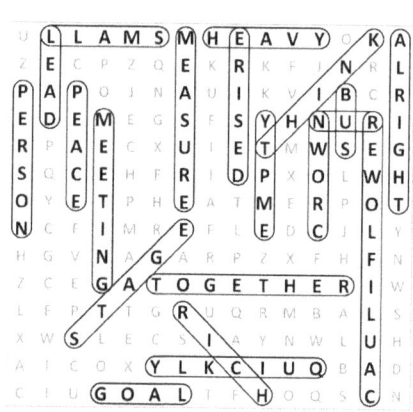

Puzzle 85

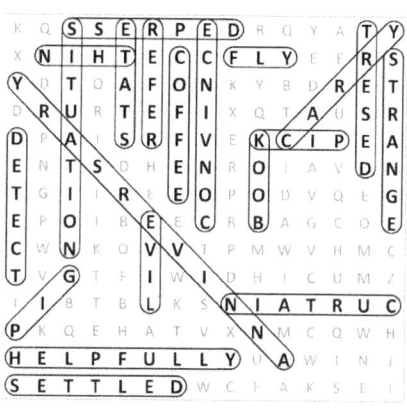

Puzzle 86

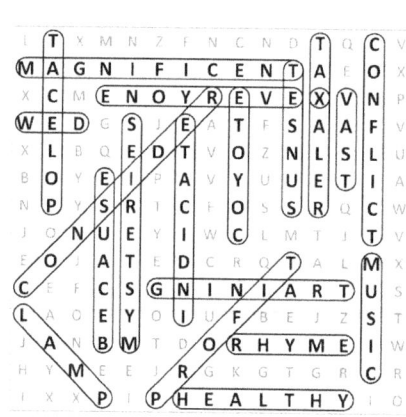

Puzzle 87

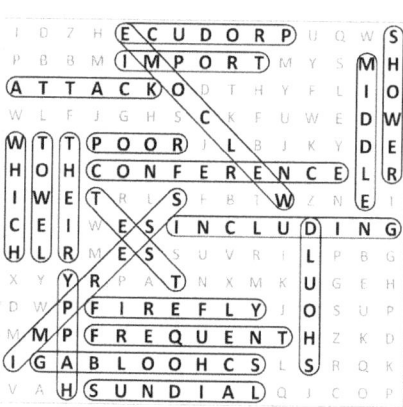

Puzzle 88

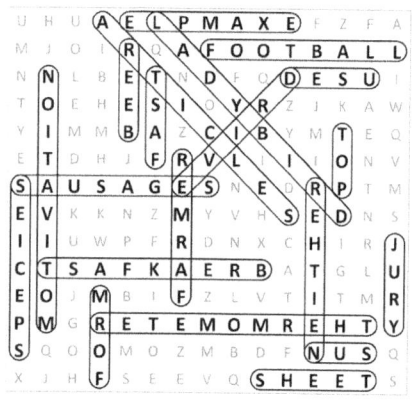

Puzzle 89

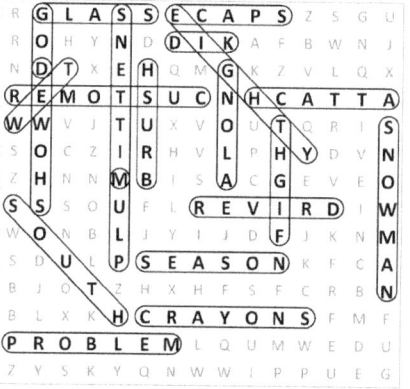

Puzzle 90

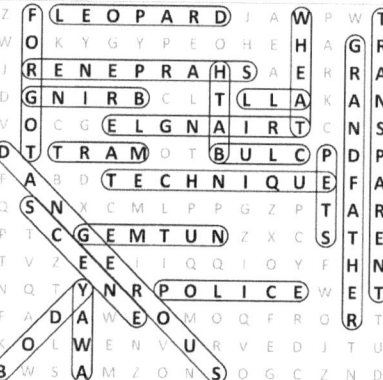

Puzzle 91

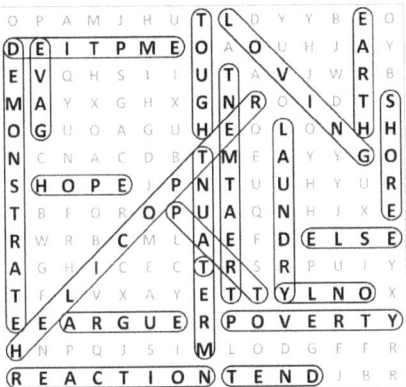

Puzzle 92

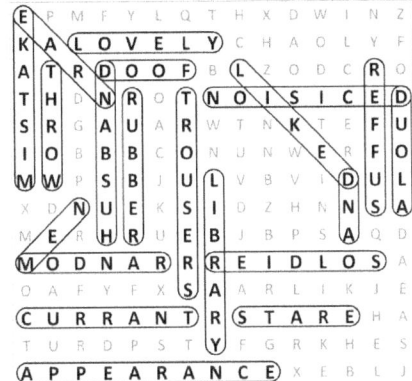

Puzzle 93

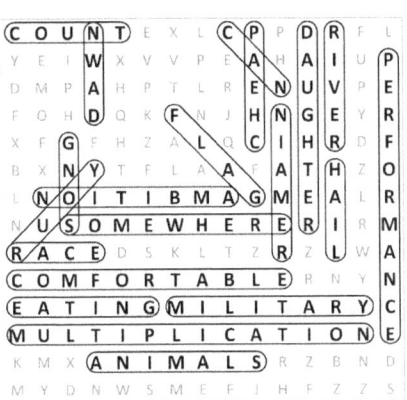

Puzzle 94

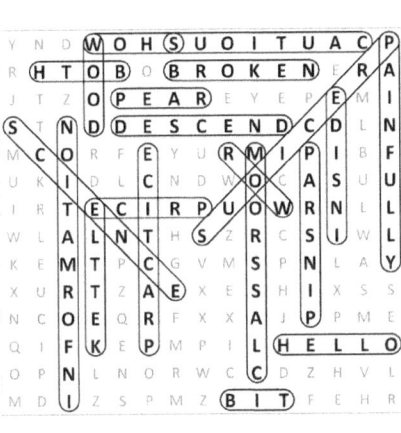

Puzzle 95

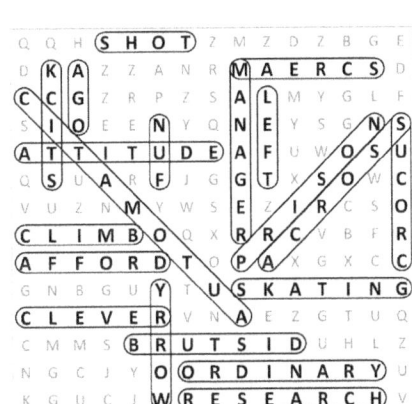

Puzzle 96

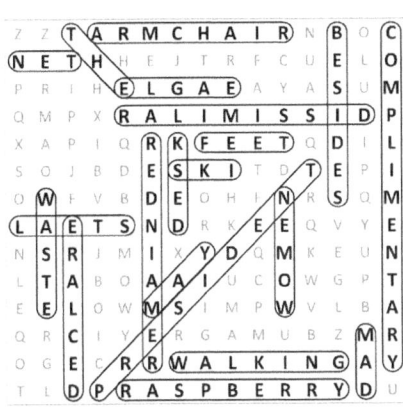

Puzzle 97

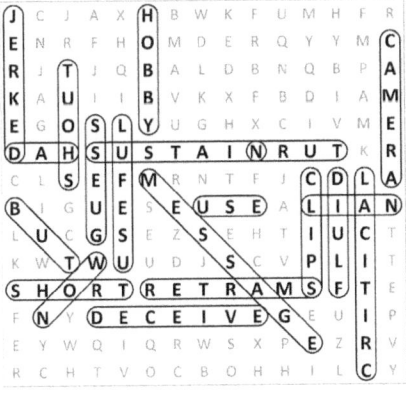

Puzzle 98

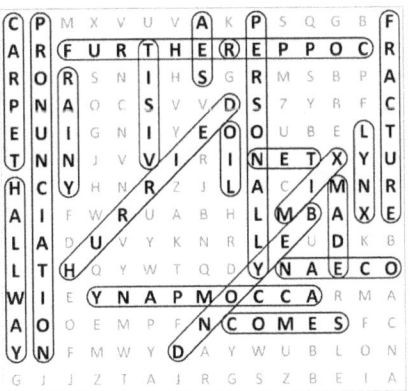

Puzzle 99

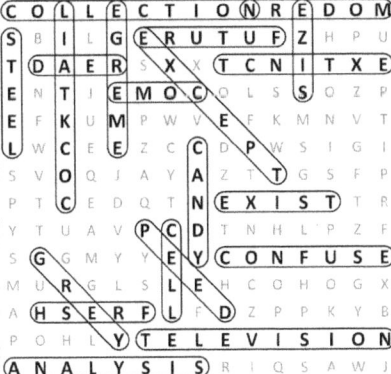

Puzzle 100

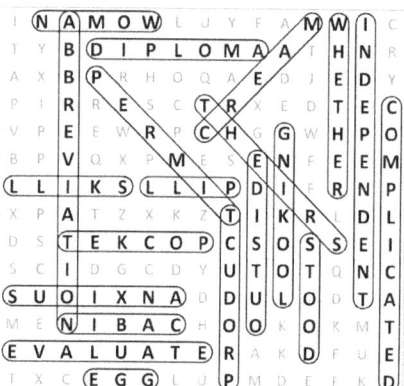

Congratulations

You made it!

We hope you enjoyed this book as much as we enjoyed making it. We do our best to make high quality games.

These puzzles are designed in a clever way to actively spark the brain and make it sharp and quick!
Did you love them?

A Simple Request

Our books exist thanks to the reviews you post on Amazon. Could you help us by leaving a review now?

Here is a short link which will take you to your Amazon orders review page.

BestBooksActivity.com/Review50

MONSTER CHALLENGE!

Challenge #1

Ready for Your Bonus Game? We use them all the time but they are not so easy to find. Here are **Synonyms**!

Note 5 words you discovered in each of the Puzzles noted below (#21, #36, #76) and try to find 2 synonyms for each word.

Note 5 Words from *Puzzle 21*

Words	Synonym 1	Synonym 2

Note 5 Words from *Puzzle 36*

Words	Synonym 1	Synonym 2

Note 5 Words from *Puzzle 76*

Words	Synonym 1	Synonym 2

Challenge #2

Now that you are warmed-up, note 5 words you discovered in each Puzzle noted below (#9, #17, #25) and try to find 2 antonyms for each word. How many lines can you do in 20 minutes?

Note 5 Words from **Puzzle 9**

Words	Antonym 1	Antonym 2

Note 5 Words from **Puzzle 17**

Words	Antonym 1	Antonym 2

Note 5 Words from **Puzzle 25**

Words	Antonym 1	Antonym 2

Challenge #3

Wonderful, this monster challenge is nothing to you!

Ready for the last one? Choose your 10 favorite words discovered in any of the Puzzles and note them below.

1.	6.
2.	7.
3.	8.
4.	9.
5.	10.

Now, using these words and within a maximum of six sentences, your challenge is to compose a text about a person, animal or place that you love!

Tip: You can use the last blank page of this book as a draft!

Your Writing:

Explore a Unique Store
Set Up **FOR YOU!**

MEGA DEALS

BestActivityBooks.com/**TheStore**

Designed for **Entertainment**!

Light Up Your Brain With Unique **Gift Ideas**.

Access **Surprising** And **Essential Supplies!**

CHECK OUT OUR MONTHLY SELECTION NOW!

- Expertly Crafted Products -

NOTEBOOK:

SEE YOU SOON!

Delta Classics Team

BESTACTIVITYBOOKS.COM/FREEGAMES

www.ingramcontent.com/pod-product-compliance
Lightning Source LLC
Chambersburg PA
CBHW082106120626
46553CB00011B/3568